A QUESTÃO AMBIENTAL

DIFERENTES ABORDAGENS

Dos mesmos autores:

Avaliação e Perícia Ambiental

Geomorfologia: Uma Atualização de Bases e Conceitos

Geomorfologia: Exercícios, Técnicas e Aplicações

Geomorfologia e Meio Ambiente

Geomorfologia do Brasil

Impactos Ambientais Urbanos no Brasil

Leia também:

Novo Dicionário Geológico-Geomorfológico de Antonio T. Guerra & Antonio J. T. Guerra

Coletânea de Textos Geográficos de Antonio T. Guerra

Erosão e Conservação dos Solos de Antonio J. T. Guerra, Antonio Soares da Silva & Rosângela G. M. Botelho

Sandra Baptista da Cunha
Antonio José Teixeira Guerra
(Organizadores)

A Questão Ambiental

Diferentes Abordagens

3ª EDIÇÃO

BERTRAND BRASIL

Capa: Leonardo Carvalho com fotos de Sandra B. da Cunha: Rio Grande, Cidade de Deus, fevereiro de 1996 e Leonardo Carvalho: Pedra Riscada, Nova Friburgo, 2003.

Editoração: DFL

2007
Impresso no Brasil
Printed in Brazil

CIP-Brasil. Catalogação-na-fonte
Sindicato Nacional dos Editores de Livros, RJ

Q54
3ª ed.

A questão ambiental: diferentes abordagens / Sandra Baptista da Cunha, Antonio José Teixeira Guerra (organizadores). – 3ª ed. – Rio de Janeiro: Bertrand Brasil, 2007.
248p.

Inclui bibliografia
ISBN 978-85-286-0992-9

1. Meio ambiente. 2. Proteção ambiental. 3. Política ambiental. 4. Recursos naturais – Conservação. 5. Desenvolvimento sustentável. I. Cunha, Sandra Baptista. II. Guerra, Antonio José Teixeira.

03-0356

CDD – 304.2
CDU – 504

EDITORA BERTRAND BRASIL LTDA.
Rua Argentina, 171 – 1° andar – São Cristóvão
20921-380 – Rio de Janeiro – RJ
Tel.: (0XX21) 2585-2070 – Fax: (0XX21) 2585-2087

SUMÁRIO

AUTORES

JÚLIA ADÃO BERNARDES — É doutora em Geografia pela Universidade de Barcelona (Espanha), pesquisadora do CNPq e professora associada do Departamento de Geografia da UFRJ.
(julia.rlk@terra.com.br)

FRANCISCO PONTES DE MIRANDA FERREIRA — É doutorando do Programa de Pós-Graduação da UFRJ, mestre em Sociologia e Antropologia pelo Instituto de Filosofia e Ciências Sociais da UFRJ e jornalista. (arcalama@dh.com.br)

LUÍS HENRIQUE CUNHA — É doutor em Desenvolvimento Socioambiental pelo Núcleo de Altos Estudos Amazônicos (NAEA/UFPA), pesquisador-colaborador do Instituto de Pesquisa Ambiental da Amazônia e assessor técnico da Fundação Parques e Áreas Verdes de Belém.
(luishcunha@uol.com.br)

MARIA CÉLIA NUNES COELHO — É doutora em Geografia pela Universidade de Syracuse (Estados Unidos), pesquisadora do CNPq e professora-adjunta do Departamento de Geografia da UFRJ.
(nunes@amazon.com.br)

MAURO GUIMARÃES — É doutorando do Programa de Pós-Graduação de Desenvolvimento, Agricultura e Sociedade da UFRRJ, mestre em Educação pela Universidade Federal Fluminense e Coordenador da Pós-Graduação em Educação e Meio Ambiente da UNIGRANRIO. (guima@domani.com.br)

LÍLIAN ALVES DE ARAÚJO — É doutoranda do Programa de Pós-Graduação em Geografia da UFRJ, mestre em Gestão Ambiental pela Universidade Estácio de Sá, arquiteta, urbanista e especialista em engenharia de avaliações e perícias ambientais. (lilian.araujo@terra.com.br)

LÍLIA SEABRA — É doutoranda do Programa de Pós-Graduação em Geografia da UFRJ, mestre em Ciências Ambientais pela UFF, professora assistente da Faculdade de Educação da Baixada Fluminense (UERJ), professora assistente da Universidade Estácio de Sá no Curso Politécnico de Executivos de Turismo e Hotelaria. (liliaseabra@bol.com.br)

ANTONIO JOSÉ TEIXEIRA GUERRA — É doutor em Geografia pela Universidade de Londres (Inglaterra), pós-doutorado em Erosão dos Solos pela Universidade de Oxford (Inglaterra), pesquisador do CNPq e professor-adjunto do Departamento de Geografia da UFRJ. (antonioguerra@openlink.com.br)

SANDRA BAPTISTA DA CUNHA — É doutora em Geografia pela Universidade de Lisboa (Portugal), pós-doutorada em Recuperação de Canais pela Universidade de Londres (Inglaterra), pesquisadora do CNPq e professora-adjunta do Departamento de Geografia da UFF. (sandracunha@openlink.com.br)

APRESENTAÇÃO

Na trajetória de publicações, iniciada com o livro *Geomorfologia: Uma Atualização de Bases e Conceitos*, **A Questão Ambiental — Diferentes Abordagens** dá continuidade à série de livros organizados por nós, desde 1994, em que agora o ambiente é o foco da atenção, sendo retratado em suas várias linhas de abordagem.

Os avanços teóricos e conceituais, nos diferentes campos do saber, têm levado a um aprofundamento dos conhecimentos e à possibilidade de análise da questão ambiental sob diferentes abordagens. Nesse sentido, o livro trata da questão ambiental considerando sociedade e natureza, política e gestão ambiental, sustentabilidade e educação ambiental, perícia ambiental, turismo sustentável — planejamento e gestão, encostas e a questão ambiental, canais fluviais e a questão ambiental.

A Questão Ambiental — Diferentes Abordagens está dividido em sete capítulos. *Sociedade e Natureza* aborda, no Capítulo 1, a natureza e espaço, técnica e produção do espaço e a crise ambiental do século XX. No Capítulo 2 — *Política e Gestão Ambiental* — são discutidas as políticas ambientais no Brasil, a gestão participativa dos recursos naturais e as iniciativas de integração entre políticas e gestão ambiental. O Capítulo 3 — *Sustentabilidade e Educação Ambiental* — destaca as críticas ao atual modelo de desenvolvimento, os paradigmas desenvolvimentistas e a educação ambiental para a sustentabilidade. *Perícia Ambiental*, que é o Capítulo 4, trata da base conceitual e aspectos legais da perícia, os danos ambientais e os aspectos técnicos da perícia. No Capítulo 5, *Turismo Sustentável — Planejamento e Gestão*, apresenta um histórico do turismo, um turismo como uma indústria sem chaminés e as condições para o turismo sustentável. No Capítulo 6 — *Encostas e a Questão Ambiental* — são abordadas as características naturais das encostas, a ação antropogênica e a recuperação dos ambientes de encostas degradadas. *Canais Fluviais e a Questão Ambiental*, que é o Capítulo 7, destaca os ambientes de rios e canais através das suas características naturais, da ação antropogênica sobre os mesmos e da recuperação dos ambientes degradados.

Os Organizadores

PREFÁCIO

UM LIVRO CONCEITUAL, OPERACIONAL E NECESSÁRIO

A ecologia virou moda, matéria de escola, programa de TV, bandeira política e campo profissional. Como navegar nesses mares sem cair no reducionismo do senso comum, no tecnicismo dos burocratas ou na demagogia dos governantes de plantão? Como entender as causas econômicas e políticas das agressões à natureza e ao mesmo tempo capacitar-se para enfrentá-las no campo dos conceitos históricos e filosóficos, assim como nas trincheiras técnicas e das políticas ambientais?

O livro **A Questão Ambiental — Diferentes Abordagens** é uma excelente resposta a essas questões. Organizado por Sandra Baptista da Cunha e Antonio José Teixeira Guerra, meus colegas do Departamento de Geografia da UFRJ, apresenta textos consistentes que combinam rigor acadêmico, orientação para o desempenho profissional e uma esperança do ideário ecológico.

Em *Sociedade e Natureza*, Júlia Adão Bernardes e Francisco Pontes de Miranda Ferreira sintetizam um quadro de referência teórica e histórica da formação da moderna consciência ambientalista. As ONGs e movimentos ambientalistas não caem do céu, mas surgem de contradições entre apropriações do espaço e elaborações de resistências e de propostas alternativas.

O capítulo *Política e Gestão Ambiental*, de Luís Henrique Cunha e Maria Célia Nunes Coelho, analisa a evolução dos órgãos e dos instrumentos de política ambiental à luz da evolução dos conflitos, dos desastres ecológicos e da afirmação social da vontade de enfrentá-los com participação e eficiência. O zoneamento ecológico, os EIA/RIMA, os planos de manejo, as reservas extrativistas, a gestão integrada de bacias são construções técnico-políticas que objetivam um resgate do domínio social e do uso sustentado do meio ambiente.

Sustentabilidade e Educação Ambiental é o capítulo em que Mauro Guimarães critica o economicismo e as visões fragmentadas do desenvolvimento e afirma novos paradigmas multidimensionais. Enfoca a educação ambiental como uma mudança de comportamento, fundada na compreensão dos fenômenos e na intervenção nos problemas socioeconômicos.

Em *Perícia Ambiental*, Lílian Alves de Araújo fornece uma importante contribuição para os que pretendem atuar em ações civis públicas e produzir provas e documentação consistente adequadas às normas legais. Trata-se de área de atuação profissional estratégica para os que pretendem defender a vida e a natureza, determinando danos, responsabilidades e reparações necessárias. A recomposição de propriedades de solos, águas, vegetação depende, em boa parte, da eficácia desse trabalho.

Turismo Sustentável: Planejamento e Gestão é o capítulo em que Lília Seabra estabelece relações entre turismo, ecologia, cultura e integração de políticas públicas para o desenvolvimento desta atividade fundamental, que é como uma fábrica sem chaminé criando milhares de empregos sem poluir. A autora pesquisa, elabora, propõe e estabelece condições para que esta atividade prolifere, resgatando tradições históricas, internalizando a geração de emprego e de renda e preservando a natureza e os povos tradicionais.

No capítulo elaborado por Antonio José T. Guerra, *Encostas e a Questão Ambiental*, encontra-se uma fusão entre a geomorfologia e as práticas conservacionistas, com propostas de recuperação de solos e de gestão integrada de recursos hídricos. O conhecimento técnico apurado é um eficaz instrumento de recomposição de ambientes degradados e de adoção de procedimentos avançados que preservem os atributos ambientais nas atividades socioeconômicas.

Com *Canais Fluviais e a Questão Ambiental*, Sandra Baptista da Cunha fecha com chave de ouro esta coleção de abordagens complementares. Aí estão definidos e conceituados rios e canais examinados sob a ótica das bacias de drenagem, de suas dinâmicas, incluindo processos de erosão e deposição de sedimentos fluviais. São analisadas as diferentes formas de degradação dos rios e canais, os impactos de desmatamento e das cargas de lixo e esgoto, assim como da atividade mineradora. A recuperação desses corpos hídricos é estudada de forma integrada e sustentável, considerando a natureza das atividades humanas envolvidas e os usos múltiplos das águas. Como autor da lei estadual dos recursos hídricos, considero este capítulo de grande utilidade, inclusive para os membros dos comitês de gestão das bacias.

É um livro para ser lido nas faculdades, nas agências ambientais, nas ONGs sérias e na educação ambiental de nossa sociedade, capacitando-a para trilhar o caminho do desenvolvimento solidário, no combate à exclusão e às práticas predatórias, na defesa de todas as formas de vida e de cultura.

Carlos Minc é professor-adjunto do Departamento de Geografia da UFRJ, doutor em Economia do Desenvolvimento pela Universidade de Paris I, deputado estadual (PT-RJ) e presidente da Comissão de Defesa do Meio Ambiente da Assembléia Legislativa do Estado do Rio de Janeiro (ALERJ).

CAPÍTULO 1

SOCIEDADE E NATUREZA

Júlia Adão Bernardes
Francisco Pontes de Miranda Ferreira

1. Introdução

Neste início de século, em que o mundo vem passando por um importante processo de reorganização, a questão ambiental tenta resgatar sua essência frente às relações sociedade/natureza.

A compreensão tradicional das relações entre a sociedade e a natureza desenvolvidas até o século XIX, vinculadas ao processo de produção capitalista, considerava o homem e a natureza como pólos excludentes, tendo subjacente a concepção de uma natureza objeto, fonte ilimitada de recursos à disposição do homem.

Com base nessa concepção, desenvolveram-se práticas, por meio de um processo de industrialização, em que a acumulação se realizava por meio da exploração intensa dos recursos naturais, com efeitos perversos para a natureza e os homens.

Até então se acreditava que o crescimento econômico não tinha limites e que o desenvolvimento significava dominar a natureza e os homens. Entretanto, nos anos 60/70 percebeu-se que os recursos naturais são esgotáveis e que o crescimento sem limites começava a se revelar insustentável. Nesse contexto, emerge a necessidade de se elegerem novos valores e paradigmas capazes de romper com a dicotomia sociedade/natureza.

Deve-se observar que há muito a ser elucidado na discussão sobre a problemática ambiental. Avançar nas concepções das relações sociedade/

natureza constitui tarefa difícil, mas necessária, uma vez que pode oferecer balizamentos para propostas de análise. O capítulo trata do tema em nível do materialismo histórico e dialético, um dos métodos de grande possibilidade de aplicação no âmbito das ciências humanas.

Cabe ressaltar que a compreensão das relações sociedade/natureza e da questão ambiental passa também pelo conhecimento do processo de produção do espaço, já que a devastação do planeta pela técnica leva o homem a pensar na produção do espaço pela técnica.

2. Natureza e Espaço

A dialética homem/natureza está na base do processo de desenvolvimento e transformação das sociedades humanas. Em sua obra *A Produção do Espaço* (1974), Lefebvre demonstra a necessidade de considerarmos o espaço como um dos aspectos fundamentais da "natureza segunda", conseqüência da prática social sobre a base material que constitui a "natureza primeira".

2.1. Dialética da Relação Sociedade/Natureza

Na obra de Marx, as condições naturais são abordadas enquanto recursos para a vida humana, em seu envolvimento com os processos produtivos, e não em seu movimento intrínseco. Os fenômenos naturais são considerados como pressuposto geral de toda a produção (Moraes, 1994).

Marx considerou a produção como um processo pelo qual se altera a forma da natureza: pelo trabalho o homem modifica as formas das matérias naturais, de modo a satisfazer suas necessidades. Na compreensão da natureza enquanto matéria reelaborada pelo trabalho humano, o conceito de trabalho é fundamental.

> "Como criador de valores de uso, como trabalho útil, o trabalho é uma das condições de existência do homem, independentemente de todas as formas sociais, e constitui uma necessidade natural eterna para

mediar o intercâmbio material entre homem e natureza e, portanto, a vida humana" (Marx, *in* Schmidt, 1976: 79).

O processo de trabalho para Schmidt (1976) é sempre um processo social. A mediação e o intercâmbio com a natureza não se referem simplesmente a um homem, mas a um membro de determinada sociedade, com determinadas relações sociais. Marx ironiza a situação especial de Robinson Crusoe. "O relacionamento do homem com seu ambiente é equacionado no bojo de relações sociais historicamente determinadas" (Moraes, 1994: 74). Portanto, na abordagem de Marx, as relações sociedade/natureza são enfocadas em termos das formas como determinada sociedade se organiza para o acesso e uso dos recursos naturais.

Ao atuar sobre a natureza, o trabalho produz não apenas uma simples mudança na forma da matéria, mas, também, um efeito simultâneo sobre o trabalhador. Na concepção marxista, a relação do homem com a natureza é sempre dialética: o homem enforma a natureza ao mesmo tempo em que esta o enforma. Com o conceito de intercâmbio orgânico, Marx introduz uma concepção nova da relação do homem com a natureza. O homem socialmente ativo

> "põe em movimento as forças naturais pertencentes à sua corporeidade, braços e pernas, cabeça e mãos, para apropriar-se da substância natural em uma forma utilizável para sua própria vida. Na medida em que o homem, mediante esse movimento, atua sobre a sua natureza exterior a ele e a transforma, modifica ao mesmo tempo a sua própria natureza" (Marx, *in* Schmidt, 1976: 86).

Nesse processo de metabolismo, a natureza se humaniza e o homem se naturaliza, estando a forma historicamente determinada em cada situação. Nesse nível, a troca material é uma relação do valor de uso e, desse modo, a natureza entra em relação com os seres humanos. O fato de o homem viver da natureza tem um sentido biológico, mas, principalmente, social.

A apropriação da natureza pelo indivíduo está sempre inserida numa determinada forma social. Marx afirma que "todas as relações sociais estão mediadas por coisas naturais e vice-versa. São sempre relações dos homens entre si e com a natureza" (Marx, *in* Schmidt, 1976: 77), significando que a natureza é uma categoria social e a sociedade uma categoria natural.

O que ocorre com os objetos elaborados já não se encontra na dimensão da natureza, mas na da história humana. "O que acontece com a mercadoria produzida, com a fábrica posta em funcionamento, com a mata aberta, sucede no espaço e no tempo de uma vida histórica, é um acontecimento histórico" (Marcuse, 1998: 30). À medida que os homens incorporam suas forças à natureza trabalhada, esta adquire uma nova qualidade social enquanto valores de uso.

Os conteúdos dos fins humanos realizados por meio dos processos naturais dependem do nível alcançado pelas forças produtivas materiais e intelectuais. Em outras palavras, nas relações sociedade/natureza os homens são condicionados por um determinado nível de desenvolvimento das suas forças produtivas e do modo de relação que lhes correspondem. O quadro sugere uma unidade geral da natureza com a sociedade, no qual as relações limitadas dos homens com a natureza expressam as relações limitadas entre os homens, e estas às do homem frente à natureza. Entretanto, as relações entre os homens estão permeadas de contradições. "Assim, a relação com a natureza acompanha o desenvolvimento das relações sociais e, na medida em que estas são contraditórias, também o é a relação com a natureza" (Smith, 1998: 85).

Na constituição da realidade total a natureza está mediada socialmente, assim como a sociedade está mediada naturalmente. O recíproco entrecruzamento de natureza e sociedade dentro do todo natural, o intercâmbio orgânico, sugere ser possível referir-se com propriedade a uma *dialética* da natureza.

2.2. Produção de Valor e Articulação do Espaço

A produção de um excedente é a condição necessária para que ocorra a troca regular de valores de uso. Com a produção para intercâmbio, o objetivo imediato para a produção passa a ser o valor de troca. Para criar mercadoria é necessário não só produzir valor de uso, mas transferi-lo para outros por meio da troca. Entretanto, como acentua Marx (1985), ninguém em seu isolamento produz valores: as coisas só se tornam valores em sua relação social.

Em uma economia de troca, a apropriação da natureza é cada vez mais regulada por firmas e instituições sociais, o que pressupõe o desenvolvimento de uma divisão do trabalho. Criar mercado e outras instituições significa desenvolver centros, cidades e uma série de outros serviços auxiliares. Com a produção para troca, a produção da natureza ocorre em escala ampliada, pois agora os seres humanos não produzem somente a natureza imediata de sua existência, mas toda a sua textura social. A produção para troca, no modo capitalista de produzir, implica uma nova relação com a natureza.

Sob o processo de acumulação, o capitalismo deve expandir-se continuamente para sobreviver enquanto modo de produção, ocorrendo a apropriação da natureza e sua transformação em meios de produção em escala mundial. Com a produção da natureza nessa escala, a relação com a natureza passa a ser, antes de mais nada, uma relação de valor de troca: é a partir da etiqueta de preço que se coloca, na mercadoria que se determina, o destino da natureza, passando a relação com a natureza a ser determinada pela lógica do valor de troca. Marx viu o pecado original do capitalismo na mudança de valor de uso para valor de troca. Assim, sob o signo capitalista, o crescimento econômico, na forma de acumulação de capital, tornou-se uma necessidade social absoluta, e a ampliação da dominação da natureza tornou-se igualmente necessária (Smith, 1988).

A era moderna, fascinada pela produtividade com base na força humana, assiste ao aumento considerável do consumo, já que todas as coisas se tornam objetos a serem consumidos. Como membros de uma sociedade de consumidores, na atual fase do capitalismo, vivemos num mundo em que a economia se caracteriza pelo desperdício, onde todas as coisas devem ser devoradas e abandonadas tão rapidamente como surgem, em que as coisas surgem e desaparecem "sem jamais durarem o tempo suficiente para conter em seu meio o processo vital" (Arendt, 1997: 147).

Cabe destacar que o território está envolvido nos processos de produção de uma sociedade. Os objetos espaciais refletem os conteúdos das relações sociais, e o valor do espaço expressa-se na qualidade, quantidade e variedade de recursos naturais disponíveis numa dada porção do espaço terrestre. O valor do espaço engloba, portanto, os recursos naturais disponíveis e os recursos construídos por meio do trabalho, que é mediado e potencializado pela técnica, sem a qual o espaço não seria produzido. Portanto, o espaço no capitalismo é condição e meio de produção, implicando a sua privatização e a de seu conteúdo (Moraes e Costa, 1984).

No espaço desenvolve-se uma teia complexa de relações sociais e ocorre uma acumulação histórica de trabalhos em que se sobrepõem realizações dos tempos mais remotos, num permanente ciclo de criação e transformação de objetos sobre a superfície da Terra. O espaço reflete, dessa forma, os resultados dos processos naturais e sociais que coexistiram até o tempo presente. Soja nos diz que "o espaço em si pode ser primordialmente dado, mas que a organização e o sentido do espaço são produto da translação, da transformação e da experiência social" (Soja, 1993: 101).

Segundo Lefebvre (1974), o capitalismo tem sido capaz de solucionar, pelo menos em parte, suas contradições internas e tem alcançado um crescimento, ocupando e produzindo um espaço.

> "A sobrevivência do capitalismo tem dependido dessa produção e ocupação distintas de um espaço fragmentado, homogeneizado e hierarquicamente estruturado — obtido, sobretudo, pelo consumo coletivo, burocraticamente controlado (isto é, controlado pelo Estado), da diferenciação entre os centros e as periferias em escalas múltiplas e da penetração do poder estatal na vida cotidiana. A crise final do capitalismo só poderá surgir quando as relações de produção não mais puderem ser reproduzidas e não simplesmente quando a produção em si for paralisada" (Lefebvre, 1974, *in* Soja, 1993: 115).

Portanto, uma característica marcante do capitalismo é seu desenvolvimento desigual no tempo e sua concretude desigual no espaço, constituindo estes aspectos elementos inseparáveis da dinâmica do desenvolvimento capitalista. As diferenciações em distintas escalas, associadas a uma estrutura espacial hierarquizada, resultam da combinação de diferentes variáveis: de distintos níveis de composição orgânica do capital, tecnológicos, de produtividade, de relações de produção, de taxas de lucro e de incidência das lutas de classe, acompanhados de diferentes níveis de inversões de capital e de infra-estrutura. Tudo isso resulta numa espacialização complexa e diferenciada, que vem marcando o desenvolvimento capitalista desde a sua origem (Bernardes, 1993).

O sistema capitalista aparece, portanto, como um todo, como uma estrutura hierárquica de distintos níveis de produtividade e de acumulação, correspondendo a cada nível hierárquico uma determinada função na divisão social e espacial do trabalho. Como assinala Mandel (1975), o sistema capitalista resulta do desenvolvimento desigual e combinado do capitalismo no tempo, no espaço e em sua estrutura, sendo a transferência geográfica do valor uma conseqüência do desenvolvimento desigual e combinado (Bernardes, 1993).

O desenvolvimento geograficamente desigual dos países expressa a divisão internacional do trabalho, os quais reproduzem variações significativas em nível regional. Portanto, a mais-valia e o valor gerado num lugar não se realizam plenamente onde se produzem, mas se distribuem em função das estratégias econômicas, financeiras e políticas, contribuindo para a acumulação realizada em outro lugar, transferindo o valor das áreas de baixa produtividade para as de produtividade mais elevada, tornando-se os mecanismos e trajetórias cada vez mais complexos. As inovações tecnológicas instituem atualmente esta ambigüidade e esta generalização em nível mundial, possibilitando a transferência de valor de forma mais ampla (Soja, 1983).

Como assinala Lefebvre (1976), há muito tempo que o capitalismo deixou de ser um âmbito geográfico passivo para se converter em um instrumento, mantendo-se por meio da conquista e da integração do espaço (Bernardes, 1993). Isso não significa que apenas o modo de produção possa estabelecer antecipadamente a conformação espacial na qual ele pretende operar, mas significa que ele dinamicamente apropriar-se-á de um espaço preexistente, modelando-o conforme seus interesses.

As relações sociais e econômicas não se realizam num distanciado circuito abstrato, mas, ao contrário, estão solidamente inseridas numa materialidade espacial. Portanto, é pelas vias espaciais que o modo de produção veicula seus valores de troca e de uso, drenando os lucros obtidos neste processo e funcionando como um instrumento de concentração da renda.

3. *Técnica e Produção do Espaço*

O aparelho produtivo dos países industrializados vem gestando mudanças econômicas e tecnológicas de tal magnitude, que mantêm em aberto questões fundamentais que devem ser postas em cheque, entre as quais se destacam a ciência e a técnica. Desde o século XVI a ciência é vista como intervenção na natureza com objetivos práticos e econômicos. Estamos diante de uma relação homem/natureza de absoluta externalidade a tudo o que não é matemático, mecânico, sendo a natureza vista como um meio para atingir um fim, consagrando a capacidade humana de dominar a natureza. Tal pretensão está voltada para a melhoria da vida humana, mas, antes, à sujeição e ao domínio, pois, na concepção de Habermas (1986), a própria técnica é domínio sobre a natureza e o homem.

Questionando o papel da técnica, Ribeiro (2000) afirma que o nosso futuro estaria determinado por esse pressuposto. É uma técnica de administrar a mão-de-obra, de se apropriar dos espaços de fluxos, de inscrever elementos no território e de controle do campo, dificultando a criação do sujeito, alterando os sentidos e possibilitando a atribuição de novos sentidos, aumentando o acesso desigual às coisas, influenciando nas formas de dominação. A técnica é abstrata, não reconhece o ser humano nem a complexidade (Ribeiro, 2000).

No processo de desenvolvimento capitalista, o espaço tornou-se uma preocupação cada vez maior no que diz respeito à sua sobrevivência. Até o final do século XIX, aproveitando um mercado para os seus produtos e um modelo de circulação organizado em escala mundial, o capitalismo procurou universalizar o modo de produção. A partir do século XX, a expansão econômica e a produção do espaço se dão mais pela diferenciação interna do espaço global (Smith, 1988).

Nessa fase, o capitalismo se construiu na fábrica através do *taylorismo*, mas realizou-se, via espaço, por meio do *fordismo*, para que pudesse operar de forma homogênea, estando, portanto, o modelo fordista de produção mais vinculado à circulação do que à produção. Passa-se, assim, de um espaço indiferenciado e caótico para a construção do espaço num arranjo fabril, a melhor forma de organizar a velocidade do tempo (Moreira, 1999).

O processo que invadiu as ciências naturais no século XVII, prerrogativa dos cientistas, fundamentado na experimentação, buscando imitar a forma como as coisas naturais passaram a existir em condições artificiais, ampliou a ação na esfera da produção e dos negócios de tal forma que levou à extinção da linha divisória entre a natureza e o homem, implicando o aumento do ritmo das máquinas e do consumo (Arendt, 1997).

A produção em massa cria novos problemas, significa mercado, comprar e vender, acesso a lugares distintos, e a circulação, que se faz a partir da fábrica, vai ser a solução do capitalismo. Não basta produzir, é preciso colocar a produção em movimento. O alargamento dos contextos possibilitados pela eficácia da circulação tornou possível o que Marx previu sobre o uso do território: a diminuição da arena de produção e o alargamento da sua área. Hoje se produz mais em menos espaço (Santos, 1996).

Na atual fase capitalista, as práticas econômicas, um aspecto particular das demais práticas sociais, modificam o espaço físico na condição de valor de uso e de valor de troca, gerando uma dinâmica de mercado em torno do próprio espaço, dinâmica essa que inclui a produção de bens materiais e a adequação do meio ambiente circundante às necessidades sociais. Na sociedade capitalista moderna, que é uma sociedade estratificada, essa transformação se dá no contexto dos interesses dos grupos sociais que dirigem uma forma de produção fundamentada no progresso técnico. Assim sendo, tanto o sistema produtivo instituído, como a tecnologia e as adaptações ambientais são orientados para responder aos fins da acumulação (Bernardes *et al.*, 1997).

Confirmando essa tendência, o incremento técnico acumulativo vem intensificando o domínio sobre a natureza, o que nos permite observar a substituição das restrições naturais pelas restrições impostas pelo espaço modificado, eliminando qualquer afirmação sobre determinismo geográfico. Portanto, as explicações relativas ao desenvolvimento das sociedades encontram-se nos processos nelas gerados. O espaço modificado é um dos produtos desses processos e podemos afirmar que toda diferenciação social precede e predetermina toda diferenciação ecológica.

Esse espaço construído é ao mesmo tempo um fato físico e um fato social em seus atributos de propriedade, valor e símbolo. Deve-se considerar que as melhorias nas condições materiais de existência estão vinculadas às mudanças essenciais na estrutura das sociedades históricas e não à introdução de novas técnicas num determinado espaço que, em si, não induzem a mudanças sociais. Se o espaço construído for compreendido como um produto global de estruturas e práticas sociais dialeticamente articuladas, a consciência do processo de produção do espaço pode se converter num poderoso instrumento de mudança social (Bernardes *et al.*, 1997).

Santos (1996) assinala que nunca houve, na história do mundo, um subsistema de técnicas tão invasor, com tal capacidade de se difundir e de se impor aos lugares e aos homens, sendo que também é a primeira vez na história que o subsistema técnico tende à unidade. Os agentes que utilizam os subsistemas mais novos são hegemônicos, enquanto os agentes homogeneizados utilizam subsistemas técnicos não-hegemônicos. Entretanto, o envelhecimento do patrimônio técnico é rápido, logo substituído por outro de maior capacidade operacional, em função da competitividade, fazendo com que equipamentos e lugares envelheçam rapidamente. Como acentua Santos, "não é a técnica que exige aos países, às empresas, aos lugares serem competitivos e sim a política produzida pelos atores globais, isto é, empresas globais, bancos globais, instituições globais" (Santos, 1996: 177).

Até meados do século XX, conforme ressalta Kurz (2001), o complexo econômico-científico limitou-se a consumir a matéria existente na natureza, tendo efeitos destrutivos secundários; porém, após a Segunda Guerra Mundial, o aumento das forças produtivas, institucionalizado pelo progresso científico e técnico, rompeu todas as proporções históricas. O complexo não se limitou a intervir na natureza, mas passou a produzir uma "outra natureza", na ânsia de se emancipar plenamente da mesma. Às possibilidades de escassez de energia fóssil a resposta foi a tecnologia atômica; no plano da transformação das matérias-primas, técnica e ciência se concentraram nas transformações físicas e químicas da produção industrial; na agronomia, os métodos tradicionais de criação de animais e plantas, por meio da tecnologia genética, tendem a ser substituídos por intervenções diretas no material biológico. Somente uma outra ciência e outra forma de sociedade serão capazes de mudar os rumos atuais do conhecimento científico. Dentro desse quadro, estamos convencidos, como Schmidt (1976), que hoje, quando as possibilidades técnicas se viabilizam, parece mais provável que, quando realizadas negativamente, se transformem em forças destrutivas.

Insistindo nesse aspecto, Arendt (1997) dá um passo adicional:

"não há motivo para duvidar da nossa atual capacidade de destruir toda a vida orgânica da Terra. A questão é se apenas desejamos usar nessa direção nosso novo conhecimento científico e técnico — e esta questão não pode ser resolvida por meios científicos; é uma questão política de primeira grandeza e, portanto, não deve ser decidida por cientistas profissionais, nem por políticos profissionais" (Arendt, 1997: 11).

4. Crise Ambiental no Século XX

Um dos mais importantes movimentos sociais dos últimos anos, promovendo significantes transformações no comportamento da sociedade e na organização política e econômica, foi a chamada "revolução ambiental". Com raízes no final do século XIX, a questão ambiental emergiu após a Segunda Guerra Mundial, promovendo importantes mudanças na visão do mundo. Pela primeira vez a humanidade percebeu que os recursos naturais são finitos e que seu uso incorreto pode representar o fim de sua própria existência. Com o surgimento da consciência ambiental, a ciência e a tecnologia passaram a ser questionadas.

4.1. Os Desastres e a Tomada de Consciência

Na Geografia clássica, o meio natural era visto como mecânico e predominava o pensamento determinista, sendo a natureza colocada como condição ou obstáculo para o desenvolvimento de uma determinada sociedade. Mas, a partir dos anos 60, com a Geografia Crítica, o caráter predatório provocado pelo processo industrial foi enfatizado por diversos autores. Milton Santos (1996), por sua vez, enfatizou o papel do capitalismo tecnológico e seu impacto no meio natural. Destacou que, hoje, a natureza sofre, antes de mais nada, um processo de instrumentalização, tornando-se um processo social e, com isso, "desnaturalizada". O meio natural sempre esteve em pauta no debate geográfico, mas hoje a Geografia e outras ciências são influenciadas pelo surgimento de novos paradigmas e o debate ambiental ressurge com mais força. Becker e Gomes ressaltam que:

> "O tema vem cercado de novas indagações e de um contexto efetivamente diverso. Afinal, uma das considerações mais atuais se refere exatamente ao papel da ciência e da técnica na produção de conceitos, no uso e gestão do ambiente e na incontrolável política do problema (...) Sem dúvida, não é possível contar com muitas certezas, mas, pelo menos, a Geografia pode contribuir para revelar algumas das múltiplas dimensões do problema, reconhecendo, assim, a complexidade do tema atualmente" (Becker e Gomes, 1993: 149).

A ciência e a tecnologia, que começaram a avançar com muita velocidade durante o século XIX, desenvolveram-se mais rapidamente ainda a partir do início do século XX, com o advento da forma de produzir fordista e a intensificação da atividade industrial. As técnicas se tornaram cada vez mais sofisticadas e foram multiplicadas em massa, ocupando o território.

> "No começo da história do homem, a configuração territorial é simplesmente o conjunto dos complexos naturais. À medida que a história vai se fazendo, a configuração territorial é dada pelas obras dos homens: estradas, plantações, casas, depósitos, portos, fábricas, cidades etc.; verdadeiras próteses. Cria-se uma configuração territorial que é cada vez mais o resultado de uma produção histórica e tende a uma negação da natureza natural, substituindo-a por uma natureza inteiramente humanizada" (Santos, 1996: 51).

Todavia, quanto mais poderosa é a maquinaria, mais riscos ela provoca para a vida humana e tanto maior é a pressão econômica para tirar dela mais lucro e desempenho. Explorando as riquezas da Terra, a forma capitalista de produzir afeta diretamente o meio ambiente, muitas vezes provocando impactos negativos irreversíveis ou de difícil recuperação. Hoje os riscos produzidos se expandem em quase todas as dimensões da vida humana, obrigando-nos a rever a forma como agimos sobre o meio natural e as próprias relações sociais, obrigando-nos a questionar os hábitos de consumo e as formas de produção material. Muitas vezes a consciência dos riscos provocados pelas novas tecnologias no ambiente natural se torna alarmista, mas ninguém pode negar a gravidade da situação.

Os riscos são minimizados pela rotina das atividades, onde geralmente nada acontece de muito grave a curto prazo, mas o risco mais presente é a própria capacidade do espaço físico de suportar tantos objetos industriais. Atualmente, uma das metas da humanidade parece ser a minimização do perigo provocado pela era industrial, levando ao surgimento de movimentos de resistência. O controle de risco está diretamente relacionado com a noção de futuro. Hoje, diferentemente das épocas pré-modernas, o risco está mais relacionado com acidentes ou com os abusos humanos. A não ser os eventos naturais de grande porte (como as atividades tectônicas do planeta e as calamidades climáticas), os demais riscos podem ser controlados ou evitados até certo grau. Os riscos externos, portanto, significam um tipo diferente de riscos criados pelo homem. Esta segunda categoria de riscos está presente no dia-a-dia das pessoas (Giddens, 1991). Alguns acontecimentos marcantes no século XX auxiliaram numa tomada de consciência sobre os riscos da industrialização e do uso indiscriminado da tecnologia.

Desde o início da Revolução Industrial, a degradação de Londres foi apontada por vários autores, como Dickens. No século XX, a primeira grande preocupação com o potencial técnico científico destrutivo da humanidade e da natureza acontece no final da Segunda Guerra, quando o mundo foi surpreendido com o lançamento da bomba atômica em Hiroshima (66 mil mortos) e Nagasaki (39 mil mortos).

Entretanto, em termos do processo de tomada de consciência ecológica, a percepção de que o planeta estava sendo permanentemente danificado começou quando se ouviu falar do que estava acontecendo com os pescadores do sul do Japão, no final da década de 1950. O Japão estava passando por um rápido processo de industrialização. Mas, na Baía de Minamata, as pessoas ainda estavam vivendo como há centenas de anos: tirando o alimento do mar e comendo peixe fresco diariamente. O primeiro sinal de que alguma coisa estava errada aconteceu com os outros tipos de comedores de peixe da vila: os gatos, que começavam a agir estranhamente, com ataques de tremores seguidos de morte. Algumas pessoas começaram também a apresentar os mesmos sintomas. As mulheres estavam dando nascimento a crianças com o cérebro danificado. Tomiji Matsuda nasceu cego e com o cérebro defeituoso, tornando-se, mais tarde, um símbolo do movimento ecológico. Os médicos suspeitaram inicialmente que se tratava de envenenamento por metal e chamaram o fenômeno de "doença de Minamata". Não existia nenhum tipo de veneno na baía antes que uma indústria tivesse se instalado na vila — a *Chisso Corporation.* A fábrica continuou poluindo, matando e deformando gente e animais por mais dez anos. Os japoneses, assim como a maioria das pessoas no final dos anos 50, relacionavam fumaça e lixo com progresso, prosperidade e geração de empregos, e o Japão estava tentando acompanhar o ritmo de industrialização da Europa Ocidental e da América do Norte. Na época, o problema de Minamata ainda era considerado simplesmente um fato local.

Outro caso marcante a ser destacado foram os efeitos negativos da industrialização no campo, onde os pesticidas pareciam vencer para sempre os problemas das pragas. Até que, em 1962, a bióloga Rachel Carson lançou, nos Estados Unidos, o livro *Silent Spring,* denunciando os perigos dos inseticidas e pesticidas. Carson afirmava que os produtos químicos matavam os insetos e pragas prejudiciais, mas também os benéficos, destruíam o solo e envenenavam as pessoas. Apesar dos ataques contra Carson, esta recebeu apoio público e seu livro virou um fenômeno nos Estados Unidos, vendendo mais de seis milhões de cópias e chamando a atenção das autoridades.

O aviso para o perigo dos produtos químicos acontecia quando os países industrializados estavam ficando mais dependentes do petróleo. No final dos anos 60, um enorme derramamento de óleo na costa oeste da Inglaterra chocou o mundo, sendo exibido na televisão o horrível espetáculo de animais morrendo atingidos pelo petróleo e de praias contaminadas. As cenas começavam a virar rotina nos noticiários de televisão. O mais grave derramamento de óleo aconteceu no Alasca, em 1989, quando o navio Exxon Valdez se chocou com um rochedo. O casco se rompeu e deixou vazar 40 milhões de litros de petróleo, atingindo uma área de 250km^2.

Os grandes acidentes ambientais continuaram acontecendo por toda a segunda metade do século XX. Em dezembro de 1984, a cidade de Bhopal, na Índia, foi contaminada por 40km^2 de gás tóxico. Cerca de 200 mil pessoas ficaram queimadas ou cegas, 10 mil morreram na hora e até hoje as vítimas sobreviventes apresentam problemas respiratórios ou no aparelho digestivo. A causa foi um acidente na fábrica de pesticidas *Union Carbide* — multinacional com sede nos Estados Unidos. As chuvas ácidas também se tornaram comuns perto das grandes concentrações urbanas do mundo, poluindo os Grandes Lagos na América do Norte e os Lagos Alpinos. Em abril de 1986, ocorreu o maior acidente nuclear da história, na região de Chernobil, na antiga União Soviética, espalhando radiação por cerca de 3.000km. Cem pessoas morreram e outras centenas sofrem, até hoje, os efeitos da radiação.

Como extrair ordem do caos? Hoje essa pergunta exige um novo diálogo da sociedade com a natureza. A civilização da fábrica se espalhou, com suas máquinas, com as obras de engenharia, com as indústrias do aço, do petróleo e do automóvel. Vários cientistas tentam provar que a capacidade predatória do homem está se aproximando do limite e que alguma ordem deve surgir do caos.

Em seu balanço sobre a civilização capitalista, Wallerstein nos chama a atenção para as questões científicas que não foram colocadas, para os riscos que não foram admitidos e, por isso, não foram evitados, e questiona nossos dilemas ecológicos, que poderiam ter sido menos graves

> "se tivéssemos desenvolvido uma abordagem científica mais holística, que incorporasse o estudo das estruturas dissipativas e das bifurcações como elemento central de análise em vez da abordagem que relegou esses dilemas à categoria de obstáculos externos inerentemente suscetíveis de solução técnica, enquanto supunha que as tendências lineares vigentes continuariam em vigor"(Wallerstein, 2001: 112).

4.2. Atuação dos Movimentos Ambientais

Castells (1999) afirma que grandes empresas passaram a incluir a questão do ambientalismo em sua agenda. Entretanto, assinala que "a maioria de nossos problemas ambientais mais elementares ainda persiste, uma vez que seu tratamento requer uma transformação nos meios de produção e de consumo, bem como de nossa organização social e de nossas vidas pessoais" (Castells, 1999: 141).

O referido autor define ambientalismo como "as formas de comportamento que, tanto em seus discursos como em sua prática, visam corrigir formas destrutivas de relacionamento entre o homem e seu ambiente natural, contrariando a lógica estrutural e institucional atualmente predominante" e ecologia como "um conjunto de crenças, teorias e projetos que contempla o gênero humano como parte de um ecossistema mais amplo e visa manter o equilíbrio desse sistema em uma perspectiva dinâmica e evolucionária" (Castells, 1999: 143-4). O autor procura realçar que a principal forma de ambientalismo é a mobilização de comunidades em defesa de seu espaço geográfico e contrárias à devastação do meio natural em nível local. Assim se organizam associações de moradores, naturalistas, cientistas, estudantes e outros grupos sociais, visando impedir a degradação de seus locais de moradia e trabalho.

Nesse contexto deve-se enfatizar o papel das Organizações Não-Governamentais (ONGs) no mundo contemporâneo. O nascimento das ONGs é um fator marcante desde o fim dos anos 60. Trata-se de um tipo de organização social muito atrelado ao surgimento do movimento ambientalista e das idéias de autogestão. Hoje as ONGs estão espalhadas pela maioria dos países, com expressão nas políticas públicas e na própria sociedade, alterando comportamentos e visões do mundo.

O principal objetivo das ONGs é pressionar os Estados e a iniciativa privada. No entanto, algumas organizações deste tipo estão ligadas, justamente, aos interesses econômicos e financeiros da indústria e do mercado. Não existe, portanto, um padrão único de ONG e sim uma enorme diversidade. Mas não se pode ignorar a influência destes movimentos no mundo atual.

Castells (1999) destaca o surgimento, a partir dos anos 70, de ONGs como o *Greenpeace*, que é a maior organização ambiental do mundo e, provavelmente, a principal responsável pela popularização de questões ambientais, contando já em 1994 com 6 milhões de membros e uma receita anual superior a 100 milhões de dólares. O autor ressalta, também, a questão da justiça ambiental. Trata-se de um conceito que vai além da defesa de animais em extinção e das florestas, na medida em que enfatiza o valor da própria vida contra os interesses e o poder das tecnologias criadas unicamente para o lucro. Desta forma, novos valores surgem, podendo ser percebidos nas diversas concepções ambientalistas.

Pepper (1995) destaca as principais correntes ecológicas. Algumas são extremamente conservadoras, como a neomalthusiana, que defende o ponto de vista de que estamos caminhando na direção do desastre planetário, cuja causa principal é a superpopulação. Para essa corrente a multiplicação dos pobres é o principal problema da sociedade, e os projetos de assistência social beneficiam apenas o nascimento massivo de mais crianças. Sustentam que a sobrevivência do planeta só será possível com planos internacionais para frear o crescimento demográfico. Essa posição não está muito afastada da defendida pelo Clube de Roma, na década de 70.

Algumas das correntes ecológicas mais progressistas, segundo Pepper (1995), criticam a estrutura do capitalismo. É o caso da corrente anarquista baseada nos ensinamentos do russo Kropotkin. Para os ecoanarquistas, os seres humanos podem viver harmonicamente com a natureza, na medida em que cultivem a cooperação e não a competição, nem a hierarquia ou o poder do Estado. A proposta para a realização do ecoanarquismo consiste na construção de "comunidades orgânicas" e aponta as sociedades chamadas "primitivas" como exemplo da possibilidade de sociedades mais harmônicas e justas. Os que questionam a corrente ecoanarquista argumentam que a prova de que os homens não são naturalmente cooperativos está justamente na existência do Estado, da propriedade privada e da Igreja.

Outra corrente próxima do ecoanarquismo é a ecologia profunda, que questiona se a sociedade precisa realmente consumir tantos recursos naturais. Para esta corrente os seres humanos fazem parte do ambiente natural e, quanto mais biodiversidade, melhor para todos. Para eles a ciência e a razão não são absolutas, a intuição e a consciência individual também são fatores importantes para atingir o equilíbrio ecológico. Dessa forma, cabe a cada indivíduo mudar de atitudes, valores e estilos de vida. Um dos princípios defendidos por estas duas correntes é o de Gaia, sendo a Terra vista como um único organismo vivo — um superorganismo — onde os seres humanos estão interconectados com o universo.

Outra corrente ecológica que merece destaque é a ecossocialista, que articula os ensinamentos de Marx com os argumentos anarquistas de Kropotkin. É também influenciada por William Moris, que liderou, no século XIX, um movimento contra os produtos industriais e a favor dos artesanais. Essa corrente aponta para o fim da propriedade privada e a aproximação com a natureza. Defende a organização de núcleos regionais autônomos, a diversidade cultural e a criação de comunas auto-sustentáveis. Mas o ponto principal para os ecossocialistas é a derrubada definitiva do sistema capitalista e a eliminação de todas as formas de injustiça social.

O discurso ecológico está cheio de contradições e é altamente diversificado. Encontramos posições extremamente autoritárias e outras que, de forma não violenta, querem derrubar uma ordem industrial poderosa. Apesar dos conflitos internos nas diversas opiniões dentro do discurso ecológico, há um consenso de que o assunto é uma questão de sobrevivência e relevante (Harvey, 1996).

Marcuse (1973) questionou a insanidade do progresso tecnológico da sociedade e se tornou um dos principais mestres da contracultura. A libertação, para Marcuse, significa a luta contra todas as formas de dominação social. Afirma que a própria civilização industrial foi responsável pela diminuição das horas de trabalho e pelo aumento do tempo de lazer para a classe média, fato que intensificou a vontade dos jovens rebeldes de conquistar uma vida de prazeres, longe do trabalho guiado e da obediência mecânica presentes na linha de montagem industrial.

Graças à influência dos movimentos ecológicos, a expressão *desenvolvimento sustentável* ganhou extrema força nos discursos políticos do mundo atual e interpretações variadas. Para alguns significa uma racionalização da sociedade com a implantação de um desenvolvimento mais limpo. Para outros, pode representar uma utopia romântica. Guimarães (1995) defende uma postura crítica em relação a essa proposta.

> "Se a proposta de desenvolvimento sustentável parece plenamente justificável e legítima, a sua aceitação generalizada tem-se caracterizado por uma postura acrítica e alienada em relação a dinâmicas sociopolíticas concretas. Para que tal proposta não represente apenas um *enverdecimento* do estilo atual, cujo conteúdo se esgotaria no nível da retórica, impõe-se examinar as contradições ideológicas, sociais e institucionais do próprio discurso da sustentabilidade, bem como analisar distintas dimensões de sustentabilidades ecológica, ambiental, social, cultural e outras para transformá-las em critérios objetivos de política pública" (Guimarães, 1995: 4).

Cabe registrar que o movimento ecológico vem provocando algumas mudanças de atitude que devem ser ressaltadas: o estilo de vida da classe média ocidental está sendo transformado e o consumo de mercadorias ecológicas está aumentando, o tamanho das famílias diminuiu, a economia doméstica de recursos energéticos é uma realidade, em todos os cantos do mundo aumentam as implantações de reservas naturais e a preservação de áreas históricas, há um crescimento de agências governamentais (internacionais, nacionais e locais) relacionadas à questão ambiental e aumento de leis ambientais. Mesmo nos países onde se detecta um impulso de desenvolvimento pouco preocupado com a ecologia, os movimentos de ambientalistas e os projetos oficiais de preservação ambiental crescem. A poluição foi reduzida em determinadas partes do mundo e está piorando em outras, mas os movimentos ecológicos contribuíram para uma nova visão das relações sociedade/natureza.

Entre os diversos cenários possíveis para o futuro, um dos mais pessimistas foi apresentado pelo Clube de Roma, em 1972, por meio de um relatório intitulado Os *Limites do Desenvolvimento.* O objetivo central do Clube de Roma foi aprofundar e difundir os problemas principais da humanidade. Embora o grupo de intelectuais tenha sido financiado e tenha recebido diversos tipos de apoio de industriais e banqueiros, enfatizou que a produção industrial e a exploração dos recursos naturais precisam ser revistas e até estagnadas.

Não podemos argumentar sobre os problemas ambientais sem destacar a enorme desigualdade entre os países dos hemisférios norte e sul, num mundo onde os países do norte, embora representem a minoria da população do planeta, absorvem a maior parte das melhorias do nível de vida produzidas pelo desenvolvimento científico e tecnológico, enquanto que milhões de habitantes do sul sofrem com a escassez crônica de alimentos. O problema principal da proposta do Clube de Roma foi a defesa do crescimento zero, na medida em que fechava o caminho para o crescimento dos países mais pobres (Brüseke, 1995).

Cabe agora ressaltar alguns eventos internacionais que envolvem a política ambiental e a tomada de consciência sobre a importância do assunto em nível global. A primeira grande conferência internacional para discutir o problema ambiental foi a Conferência das Nações Unidas sobre o Meio Ambiente, realizada em Estocolmo (1972). O desastre da Baía de Minamata, no Japão, foi quem detonou a solicitação sueca para a realização da citada reunião. Um dos pontos marcantes do encontro foi a contestação às propostas do Clube de Roma sobre o crescimento zero para os países em desenvolvimento.

O Brasil liderou, nessa conferência, a aliança dos países periféricos contrários à limitação de desenvolvimento imposta pelas nações mais ricas. Mas, contraditoriamente, foi um dos países que mais aceitou, nos anos seguintes, a transferência de indústrias poluentes do hemisfério norte, justamente afastadas de suas regiões de origem, em função do aumento da consciência ambiental (Ferreira, 1998). A conferência de Estocolmo criou alguns programas e algumas comissões importantes, como o Programa das Nações Unidas para o Meio Ambiente (PNUMA), o *Earthwatch* e a Comissão Mundial sobre o Meio Ambiente e o Desenvolvimento (CMMAD). Tal fato estabeleceu o assunto definitivamente na agenda e nas discussões da ONU.

A CMMAD também publicou o relatório "Nosso Futuro em Comum", que alertou, por exemplo, para o fato de que 6 milhões de hectares de terras produtivas sofrem anualmente um processo de desertificação no mundo e que a maior parte deste solo encontra-se no continente mais miserável do planeta — a África. Apesar disso, a proposta de um desenvolvimento sustentável, neste relatório, é considerada prioritária para os países ricos, pouco preocupados com a pobreza mundial, de acordo com lideranças do Terceiro Mundo e algumas ONGs.

A mais importante reunião, depois de Estocolmo, aconteceu no Rio de Janeiro, em 1992. A Conferência de Meio Ambiente e Desenvolvimento (ECO 92) foi a grande marca da internacionalização definitiva da proteção ambiental e das questões ligadas ao desenvolvimento, criando elementos importantes como a Agenda 21 e o Fundo Global para o Meio Ambiente, do Banco Mundial. Um dos pontos culminantes da ECO 92 foi a Convenção sobre a Alteração Climática, que procurou estabelecer regras para a proteção da atmosfera e a contenção da emissão de gases poluentes. Foi também na ECO 92 que os Estados Unidos assumiram a maior posição de intransigência ao negar assinar a Convenção da Biodiversidade, apesar da adesão de 153 países, incluídos o Japão e as nações mais industrializadas da Europa. Cabe aqui também ressaltar a negativa dos Estados Unidos em aceitar o Protocolo de Kyoto (1997), apesar de o país ser o maior poluidor do mundo e o principal causador do efeito estufa.

A ECO 92 também colocou em pauta a discussão sobre patentes relacionadas ao desenvolvimento da biotecnologia, outro ponto de intransigência por parte não só dos Estados Unidos como de outros países com parques industriais avançados. Mas, segundo Ferreira (1998), o principal marco da ECO 92 foi o fortalecimento das propostas alternativas por meio do Fórum Global, cujo evento principal foi o Fórum Internacional de ONGs.

4.3. Movimentos Ecológicos no Brasil

Viola (1987) enfatiza que o Brasil passou por um processo acelerado de crescimento econômico nas últimas quatro décadas e que, portanto, também sofre a crise ecológica, o que levou ao surgimento de movimentos ecológicos no país. No Brasil, podem ser distinguidos três períodos na história do movimento ecológico: uma primeira fase, denominada ambientalista (1974 a 1981), caracterizada por movimentos de denúncia de degradação ambiental nas cidades e criação de comunidades alternativas rurais; um segundo momento, de transição (1982 a 1985), foi marcado pela grande expansão quantitativa e qualitativa dos movimentos da primeira fase; na terceira fase, a partir de 1986, a maioria do movimento ecológico decidiu participar ativamente da arena parlamentar (Viola, 1987).

O autor chama a atenção para o fato de que a burguesia brasileira, em geral, tem rejeitado o discurso ecológico, uma vez que seu padrão de acumulação e comportamento tem sido selvagem em relação ao meio ambiente e à própria população trabalhadora. Apesar disso, algumas instituições governamentais têm demonstrado consideração com os impactos negativos da industrialização e da urbanização. Para Viola (1987), o que falta no Brasil, além de maior conscientização por parte das elites e do poder público, é uma penetração mais ampla da preocupação ecológica nas classes mais populares.

Outro estudioso da questão ambiental, Carlos Minc, ressalta que a questão ecológica no Brasil está muito atrelada à justiça social. "Nosso país só terá um desenvolvimento ecologicamente viável numa sociedade profundamente democrática, em que a população tenha de fato poder sobre a organização da economia e do uso do espaço e também o poder de inventar novos direitos que ampliem seus espaços de autonomia e de liberdade" (Minc, 1987: 138).

Convém destacar a atuação das ONGs no Brasil, especialmente na Amazônia, que se tornou uma área de interesse internacional, considerando que entre 30% e 40% das florestas tropicais do mundo aí se localizam e que a Amazônia detém o maior banco genético do planeta, participando com um terço do estoque genético global. Hoje a biodiversidade é uma questão essencial, e diferentes posições surgem em relação a uma política para o uso territorial da Amazônia.

Apesar da pressão de correntes progressistas e de ONGs internacionais, a continuidade de atividades altamente predatórias, como a mineração, a exploração madeireira e a agropecuária extensiva, continua na região. A destruição e a devastação da floresta são permanentes, e a biodiversidade se encontra ameaçada. Presentes nesse território também se encontram interesses estrangeiros voltados para o conhecimento e a exploração dos recursos genéticos de uma das principais fronteiras geopolíticas do mundo.

Existe a necessidade urgente de um controle do acesso aos recursos genéticos da região, uma vez que algumas empresas estrangeiras estão buscando todos os tipos de negociação para explorá-la. Os negócios são estabelecidos com o poder público e até com as comunidades indígenas, com vistas ao aproveitamento econômico das plantas, mas quase sempre com desvantagens para a população local e para a biodiversidade. As indústrias farmacêuticas e cosméticas são as que revelam maior interesse. A Amazônia apresenta-se, portanto, como um imenso campo de experimentações, voltadas tanto para a sua exploração, muitas vezes com tecnologia de ponta na área da biotecnologia, quanto para a sua preservação, pelo manejo sustentável da floresta.

Becker e Gomes (1993) chamam atenção para o fato de que o atual período de globalização da economia colocou a problemática ecológica como uma questão de sobrevivência da própria humanidade e que a Amazônia tornou-se o símbolo maior deste desafio. Faz-se, portanto, necessária a desnaturalização do conceito de ambiente, admitindo que o mesmo é resultado da interação da lógica da sociedade com a lógica da natureza, devendo-se romper com a separação falsa entre desenvolvimento técnico científico e ecologia: para se construir uma gestão territorial mais justa, os padrões de desenvolvimento devem ser revistos.

Apesar de todas as contradições apontadas, Santos nos fornece uma posição otimista sobre o futuro da relação entre ciência, tecnologia e natureza, beneficiando, principalmente, uma relação mais justa dentro da própria sociedade:

> "Agora que estamos descobrindo o sentido de nossa presença no planeta, pode-se dizer que uma história universal verdadeiramente humana está, finalmente, começando. A mesma materialidade, atualmente utilizada para construir um mundo confuso e perverso, pode vir a ser uma condição da construção de um mundo mais humano. Basta que se completem as duas grandes mutações ora em gestação: a mutação tecnológica e a mutação filosófica da espécie humana" (Santos, 2000: 174).

5. *Conclusões*

A importância deste capítulo consiste em pensar os problemas ambientais a partir de uma visão em que os processos particulares, geradores dos mesmos, são determinados pela dinâmica de reprodução do capitalismo e sua articulação geral. É igualmente importante a ligação estabelecida entre o processo de exploração e acumulação e as formas assumidas espacialmente.

A visão dialética marxista, uma das formas de enxergar as relações sociedade/natureza no pensamento ocidental, que valoriza o papel das relações econômicas, possibilita uma compreensão mais clara dos atuais problemas ambientais, embora o modelo de interesses e de relações de poder que Marx analisava tenha se modificado profundamente na fase capitalista contemporânea. Marx sustentava que a relação do homem com a natureza, mediada pelo trabalho, era o aspecto fundamental da atividade humana, mas o capitalismo industrial organizou de tal forma o processo de trabalho, que este acabou convertendo a relação entre o trabalhador e a natureza em uma caricatura do que era antes, reduzindo os trabalhadores a coisas, a alienados de seus produtos, do método de produzi-los e da própria natureza.

Na medida em que se rebaixa a natureza, uma vez que o propósito da ciência é praticamente a sua dominação e controle, em lugar de se buscar um conhecimento de cooperação ciência/natureza, caminha-se para o divórcio, e o sujeito onipotente só a enfrenta fazendo cálculos, com a pretensão de submetê-la. Em função desse distanciamento, surge uma classe dominante que submete os trabalhadores e se coloca entre eles e a natureza.

Nessa linha de pensamento se pode afirmar que a crise do atual modelo de desenvolvimento capitalista, a ameaça de esgotamento dos recursos naturais do planeta, o crescimento da população e do consumo, os elevados níveis de poluição da atmosfera e das águas referem-se ao abuso capitalista da ciência e da tecnologia, cuja utilização, se fosse correta, significaria a emancipação do homem. Portanto, existe uma forte contradição entre os princípios básicos de funcionamento do capitalismo e a preservação de um equilíbrio do meio ambiente. A ciência moderna, com seus métodos e conceitos, gerou um universo em que a dominação da natureza está estreitamente vinculada à dominação dos homens.

Entretanto, no bojo do desenvolvimento de outras ciências, emergem novas formas de concepção da natureza que superam o paradigma cartesiano-newtoniano de unificação da mesma, que percebem sua diversificação a partir do movimento da vida, evoluindo em espiral, convergindo para o aumento da diferenciação, num contexto que ora é equilíbrio, ora desequilíbrio, ora ordem, ora caos, um dando origem ao outro, dando luz ao outro, e vice-versa. Essa reconceituação rompe com a dicotomia homem/natureza, mostrando que a grande distância da vida do homem em relação às demais formas de vida não é a biológica, mas sua história cultural, seu estado de consciência (Moreira, 1993).

Evidentemente, não há soluções distintas para as relações sociedade/natureza e para as relações entre os homens, pois estes dois problemas se constituem num só. Como constata Casini (1975), não existe uma solução final, e não é a simples condenação da ciência nem da tecnologia que evitará a autodestruição da espécie pela destruição da natureza. A salvação do planeta e dos homens depende, antes, das mudanças nas relações entre os homens, e só poderá ser eficaz, ou não, se constituir um cálculo consciente, resultante de uma inteligência crítica que descubra as reais formas de organização política da vida, que institua uma nova sociedade no processo de produção, na organização do trabalho, que se estabeleça em novas bases de cooperação.

6. REFERÊNCIAS BIBLIOGRÁFICAS

ARENDT, H. (1997). *A Condição Humana.* Rio de Janeiro: Forense Universitária, 338pp.

BECKER, B. K. & GOMES, P. C. da C. (1993). Meio Ambiente: Matriz do Pensamento Geográfico. *In*: *As ciências Sociais e a Questão Ambiental - Rumo à Interdisciplinaridade.* Rio de Janeiro: APED; Belém: NAEA.

BERNARDES, J. A. (1993). Cambios Técnicos y Reorganización del Espacio en la Región Azucareira Norte Fluminense, Brasil (1970-1990). Barcelona: Universidade de Barcelona (Tese de Doutoramento).

BERNARDES, J. A., MAVIGNIER, T. & SILVA. A. A. (1997). Algumas reflexões sobre o conceito de espaço e território. *In*: *Revista de Pós-Graduação em Geografia,* Ano I, vol. 1, Rio de Janeiro: UFRJ.

BRÜSEKE, F. J. (1995). O Problema do Desenvolvimento Sustentável. *In*: CAVALCANTI, C. (org.); *Desenvolvimento e Natureza.* Recife: Cortez Editora/Fundação Joaquim Nabuco.

CASINI, P. (1975). *As Filosofias da Natureza.* Lisboa: Editorial Presença/Martins Fontes.

CASTELLS, M. (1999). *O Poder da Identidade,* vol. 2. São Paulo: Paz e Terra.

FERREIRA, L. C. (1998). *A Questão Ambiental.* São Paulo: Jinkings.

GIDDENS, A. (1991). *As Conseqüências da Modernidade.* São Paulo: UNESP.

GUIMARÃES, R. P. (1995). O Desenvolvimento Sustentável: Proposta Alternativa ou Retórica Neoliberal? Conferência de abertura do Simpósio Internacional *O Desafio do Desenvolvimento Sustentável: A Geopolítica.* Rio de Janeiro: UFRJ.

HABERMAS, J. (1986). *Ciencia y Técnica como Ideología.* Madrid: Editorial Tecnos S.A.

HARVEY, D. (1996). *Justice, Nature & the Geography of Difference.* Oxford: Blackwell.

KURZ, R. (2001). Natureza em Ruínas. *Folha de São Paulo* (17/06/2001), Caderno Mais.

LEFEBVRE, H. (1976). *Espacio y Política.* Barcelona: Ediciones Península

______ (1974). *La Production de l'Espace.* Paris: Anthropos.

MANDEL, E. (1975). *Late Capitalism.* London: New Left Books.

MARCUSE, H. (1973). *A Ideologia da Sociedade Industrial.* Rio de Janeiro: Jorge Zahar Editora.

______ (1998). *Cultura e Sociedade,* vol. 2. Rio de Janeiro: Paz e Terra.

MARX, C. (1985). *El Capital,* vol. 3. México: Fondo de Cultura Económica.

MINC, C. (1987). Os Desafios da Ecopolítica no Brasil. *In*: PÁDUA, J. A. *Ecologia e Política no Brasil.* Rio de Janeiro: IUPERJ.

MORAES, A. C. R. (1994). *Meio Ambiente e Ciências Humanas.* São Paulo: Hucitec.

MORAES, A. C. R. COSTA, W. M. (1984). *A Valorização do Espaço.* São Paulo: Hucitec.

MOREIRA, R. (1999). *A Produção de Valor como Variável Fundamental na Articulação do Espaço.* Palestra em Seminário de Doutorado, Rio de Janeiro: PPGG / UFRJ.

______ (1993). *O Círculo e a Espiral.* Rio de Janeiro: Obra Aberta.

PEPPER, D. (1995). *Modern Environmentalism.* London: Routledge.

RIBEIRO, A. C. T. (2000). *Economia e Sociedade.* Curso de Teorias da Modernização. Rio de Janeiro: IPPUR/UFRJ.

SANTOS, M. (1996). *A Natureza do Espaço: Técnica e Tempo, Razão e Emoção.* São Paulo: Hucitec.

______ (2000). *Por Uma Outra Globalização.* São Paulo: Record.

SCHMIDT, A. (1976). *El Concepto de Naturaleza en Marx.* Espanha: Siglo Veintiuno Editores S.A.

SOJA, E. (1983). Uma Interpretação Materialista da Espacialidade. *In: Abordagens Políticas da Espacialidade.* Rio de Janeiro, UFRJ / CCMN.

SMITH, N. (1988). *Desenvolvimento Desigual.* Rio de Janeiro: Ed. Bertrand Brasil.

VIOLA, E. (1987). O Movimento Ecológico no Brasil. *In*: PÁDUA, J. A. *Ecologia e Política no Brasil.* Rio de Janeiro: IUPERJ.

WALLERSTEIN, I. (2001). *Capitalismo Histórico, Civilização Capitalista.* Rio de Janeiro: Contraponto.

CAPÍTULO 2

POLÍTICA E GESTÃO AMBIENTAL

Luís Henrique Cunha
Maria Célia Nunes Coelho

1. Introdução

Até meados da década de 1980, o Estado ditou, de forma centralizada, a política ambiental a ser seguida no Brasil. A partir de então, o processo de formulação e implementação da política ambiental no país passou a ser, cada vez mais, produto da interação entre idéias, valores e estratégias de ação de atores sociais diversos, num campo marcado por contradições, alianças e conflitos que emergem da multiplicidade de interesses envolvidos com o problema da proteção do meio ambiente. A esfera estatal continua sendo, contudo, a instância em que se negociam decisões e em que conceitos são instrumentalizados em políticas públicas para o setor.

As transformações no processo de instituição de políticas voltadas ao controle e mitigação dos problemas ambientais — redefinindo prioridades, arranjos institucionais e padrões de relação entre organismos estatais e não-estatais — resultaram na necessidade de se repensarem as estratégias de gestão pública. Democratização dos processos de tomada de decisão, ampliação da participação da sociedade civil na resolução dos problemas ambientais e descentralização das atividades de monitoramento e fiscalização passaram a fundamentar modelos alternativos de gestão ambiental.

A gestão ambiental faz parte de um processo mais amplo de gestão do território, aspecto para o qual ainda não se deu a devida relevância. A falta de uma articulação mais forte entre as ações e estratégias de gestão ambiental e territorial pode ser creditada a uma série de fatores explicativos, entre os quais a incapacidade de o Estado brasileiro implementar políticas integradas de transformação socioespacial e de regulação dos comportamentos individuais e coletivos. Por outro lado, há um problema de interpretação, tanto entre geógrafos quanto entre outros profissionais, da importante noção de espaço como produto das relações sociais, oriunda das reflexões de Henry Lefebvre (1974), Milton Santos (1979) e David Harvey (1996). A defesa radical da noção de espaço/território socialmente construído fez com que se desse cada vez menos importância aos processos físicos. A noção de espaço envolve, portanto, aspectos tanto físicos quanto sociais (Bunker, 2001; Coelho, 2001).

A complexidade dos processos físicos merece ser adequadamente considerada, da mesma forma que as relações sociais e as desigualdades que dela emergem. As interações entre estruturas física e social e as relações desiguais de poder influenciam o uso e acesso aos recursos naturais e fazem da noção de território categoria fundamental na discussão da questão ambiental. O território reflete a diferente espacialização dos processos de modernização (Santos e Silveira, 2001), bem como os ritmos e padrões de degradação ambiental.

Este capítulo tem como objetivo apreender como crenças, idéias e valores são instrumentalizados em políticas ambientais e como as relações entre Estado, sociedade e natureza informam modelos alternativos de gestão ambiental, entendida como uma estratégia de gestão territorial. Estas reflexões estão diretamente relacionadas à implementação de políticas ambientais no Brasil. O processo de formulação e execução destas políticas é abordado a partir de uma perspectiva histórica, em que se apresenta uma proposta de periodização das políticas ambientais no país, e por meio de estudos de caso, em que são analisadas duas iniciativas recentes de regulação do uso e acesso aos recursos naturais: a) a legislação dos recursos hídricos e a instituição dos comitês de bacia e b) a criação de reservas extrativistas como unidades de conservação de uso direto.

2. *Políticas Ambientais no Brasil: Uma Proposta de Periodização*

É possível identificar pelo menos três tipos de políticas ambientais: as regulatórias, as estruturadoras e as indutoras de comportamento. As políticas regulatórias dizem respeito à elaboração de legislação específica para estabelecer ou regulamentar normas e regras de uso e acesso ao ambiente natural e a seus recursos, bem como à criação de aparatos institucionais que garantam o cumprimento da lei. As políticas estruturadoras implicam intervenção direta do poder público ou de organismos não-governamentais na proteção ao meio ambiente. Como exemplo de políticas estruturadoras temos a criação de unidades de conservação, sejam elas públicas ou reconhecidas pelo Poder Público; a realização ou financiamento de projetos locais de conservação e de atividades de zoneamentos econômico e ecológico, entre outras.

Finalmente, as políticas indutoras referem-se a ações que objetivam influenciar o comportamento de indivíduos ou grupos sociais. São normalmente identificadas com a noção de desenvolvimento sustentável e são implementadas por meio de linhas especiais de financiamento ou de políticas fiscais e tributárias. Representam, portanto, iniciativas destinadas a otimizar a alocação de recursos. O emprego estratégico de instrumentos econômicos, nesse caso, busca privilegiar certas práticas consideradas ambientalmente desejáveis e inviabilizar aquelas que podem resultar em degradação ecológica. As certificações ambientais também podem ser incluídas entre as políticas indutoras, pois são formuladas com o objetivo de influir no comportamento dos consumidores.

Foi somente no século XX que a preocupação com o meio ambiente resultou, no Brasil, na elaboração e implementação de políticas públicas com caráter marcadamente ambiental, especialmente a partir da década de 1970, quando aumenta a percepção de que a degradação do planeta pode ter efeitos irreversíveis e catastróficos. Isso não quer dizer que o período anterior seja marcado pela completa ignorância quanto aos problemas ambientais e destituído de políticas que objetivassem regular o uso e acesso aos recursos naturais. No período colonial, a legislação regulatória restringia-se, basicamente, à proteção florestal, com poucos efeitos práticos. Intelectuais e políticos protestavam contra o desmatamento e a agricultura predatória, a partir de fins do século XVIII, e cobravam a adoção de medidas que contivessem a degradação da Mata Atlântica. Essas primeiras formulações ambientalistas eram caracterizadas pela preocupação com a continuidade e viabilidade da exploração dos recursos locais e integravam um discurso mais amplo de superação do atraso da colônia (Pádua, 1998 e 1999).

A proposta de periodização do processo de elaboração e implementação de políticas ambientais que se apresenta aqui tem início na década de 1930. No começo do século XX, o debate sobre a criação do Código Florestal ganha novo alento com a criação do Serviço Florestal Federal em 1925. Mas é a partir da Revolução de 1930, sob a égide de um Estado centralizador, que a regulação ambiental ganha impulso no país.

É possível identificar três grandes momentos na história das políticas ambientais no Brasil: a) um primeiro período, de 1930 a 1971, marcado pela construção de uma base de regulação dos usos dos recursos naturais, b) um segundo período, de 1972 a 1987, em que a ação intervencionista do Estado chega ao ápice, ao mesmo tempo em que aumenta a percepção de uma crise ecológica global, e c) um terceiro período, de 1988 aos dias atuais, marcado pelos processos de democratização e descentralização decisórias e pela rápida disseminação da noção de desenvolvimento sustentável (**Tabela 2.1**).

2.1. Construção de Uma Base de Regulação (1930 a 1971)

A Revolução de 30 e a Constituição de 1934 marcam a transição de um país dominado pelas elites rurais para um Brasil que começa a se industrializar e urbanizar, particularmente na Região Sudeste. O Estado se fortalece, passa a centralizar decisões e a enfrentar o poder dos coronéis regionais. Nacionaliza a exploração do petróleo e estatiza a Companhia Vale do Rio Doce, exportadora de ferro. Tem início um período caracterizado por políticas regulatórias destinadas à proteção do ambiente e de seus recursos naturais, ainda que incipientes.

O renascimento da importância atribuída aos parques nacionais nos Estados Unidos, durante o *New Deal* (McCormick, 1972), acabou por influenciar as políticas de preservação no Brasil. O Decreto nº 23.793, de

23 de janeiro de 1934, previa a criação de parques nacionais e de áreas florestais protegidos nas regiões Nordeste, Sul e Sudeste.

O crescimento populacional desordenado e concentrado na faixa litorânea do país e a necessidade de reestruturar a ocupação levaram à criação de unidades de conservação voltadas para a proteção das manchas restantes da Mata Atlântica situadas num eixo que se prolonga das regiões do Sul e Sudeste, onde se alarga, até o Nordeste. Em 1937, foi criado o Parque Nacional de Itatiaia, o primeiro parque nacional do país, localizado no Rio de Janeiro. Nas décadas de 50 e 60, a criação de unidades de conservação no Centro-Oeste e a efetivação da primeira Floresta Nacional na Amazônia, a FLONA de Caxuanã, estavam associadas ao processo de transferência da capital nacional para o interior do país e à política de abertura de estradas. Todavia, a definição de 13 unidades de proteção da Mata Atlântica, de um total de 26 criadas no período, demonstrou ser esta a área objeto de maior atenção no período considerado (1930 a 1971).

Esse período foi marcado ainda pela adoção de mecanismos legais de regulação dos usos dos recursos naturais, com a promulgação, em 1934, dos códigos florestais, das águas e das minas.

O fim da Segunda Guerra Mundial chamou a atenção do mundo para o poder de destruição das bombas atômicas. A intensificação dos testes nucleares e a construção de usinas movidas a material radioativo fizeram crescer as preocupações com o futuro da humanidade. Livros como *The Limits of the Earth,* lançado por Osborn em 1953, e *Silent Spring,* lançado por Rachel Carson em 1962, chamavam a atenção para os problemas ambientais do planeta (crescimento populacional e contaminação química da água e do solo, respectivamente).

Em 1958, o governo federal criou a Fundação Brasileira para a Conservação da Natureza (FBCN), filiada à União Internacional para a Conservação da Natureza. Essa fundação tinha como objetivo principal defender a fauna marítima, a flora aquática e fiscalizar a pesca do litoral. Um primeiro código de pesca foi promulgado em 1965. Nesse primeiro período das políticas ambientais no Brasil, privilegiou-se uma abordagem nacional do problema ambiental e apenas secundariamente ações com caráter regional. As ações públicas incidiram basicamente nas regiões Sul e Sudeste, onde os processos de industrialização e urbanização estavam mais avançados.

Tabela 2.1 — Políticas ambientais brasileiras (de 1930 aos dias atuais)

Período	Contexto		Políticas regulatórias	Políticas estruturadoras	Políticas indutoras	Atores principais	Escala de atuação priorizada
	Mundial	Nacional					
1930 a 1971	– II Guerra Mundial – Risco nuclear – Riscos do crescimento populacional – Riscos de contaminação química	– Revolução de 1930 – Constituição de 1934 – Industrialização e urbanização aceleradas	– Promulgação dos códigos: Florestal, das Águas e de Minas (1934) – Criação da Fundação Brasileira para a Conservação da Natureza (FBCN) (1956) – Criação do Departamento Nacional de Obras Contra as Secas (DNOCS) (1963) – Promulgação ou reformulação dos códigos de pesca (1965), de minas (1967) e florestal (1967) – Criação do Instituto Brasileiro de Desenvolvimento Florestal (IBDF) (1967)	– Propostas de criação de parques nacionais e estaduais; declaração de áreas florestais como florestas protetoras (1934); – Criação do primeiro parque: Parque Nacional de Itatiaia-RJ (1937) – Criação da primeira floresta nacional na Amazônia: FLONA de Caxuanã em 1961. – 26 Unidades de Conservação foram criadas neste período (13 em área da Mata Atlântica e 1 na Floresta Amazônica)	Idéias não formalizadas no período	Poder Público Federal	Nacional com ações voltadas para as regiões desenvolvidas (Sul e Sudeste) e regiões-problema (Nordeste e Amazônia)
1972 a 1987	– Divulgação do Relatório do Clube de Roma (1971) – Geração de movimentos ambientalistas – (*Greenpeace* em 1971) – Conferência de Estocolmo(1972)	– Milagre econômico – Crescimento das áreas metropolitanas – Crise econômico-financeira – Assembléia Nacional Constituinte	– Criação da Secretaria Especial do Meio Ambiente (SEMA) (1973) – Criação da Companhia de Desenvolvimento do Vale do São Francisco (CODEVASF) (1974) – Promulgação da lei de responsabilidade pelas	– Criação de estações biológicas federais no Rio de Janeiro e sul da Bahia, para proteger a espécie do mico-leão (1971). – Criação de parques nacionais, florestas nacionais (FLONAs) e reservas biológicas em todo o país (regulamentadas em 1979)	Idéias ainda não concretizadas no período	Poder Público Federal; Agências Regionais; ONGs; Empresas	Regional (Nordeste) e metropolitanas do Sul e Sudeste do País. Cresce o interesse pela Região

	– Ameaças das usinas nucleares – Crise do Petróleo (1973 e 1979) – Politização da questão ambiental (Partido Verde alemão é criado em 1979)		– Criação do Ministério do Desenvolvimento, Urbanização e Meio Ambiente (1985) – Resolução sobre a obrigatoriedade do Estudo de Impacto Ambiental (EIA) e do Relatório de Impacto Ambiental (RIMA) (1986)	– Formulação da Política Nacional do Meio Ambiente (1981) – Definição e criação de Áreas de Proteção Ambiental em todo o território nacional (APA), criadas em 1981, regulamentadas em 1990 – Elaboração da Política Nacional do Meio Ambiente e do Sistema de Licenciamento de Atividades Poluidoras (1981) – Criação do Projeto de Assentamento Extrativista, através da Portaria nº 627 de 1985. – 76 unidades diferentes foram criadas neste período (15 em área da Mata Atlântica e 26 em área da Floresta Amazônica)			Amazônica Escala dos Ecossistemas; Hábitat de animais selvagens
1988 aos dias atuais	– Crise ambiental mundial – Lançamento do Relatório Brundtland de 1987 – Crise financeira – Realização da ECO 92 e do	– Constituição de 1988 – Lei dos *Royalties* – Crise econômico-financeira – Discussões sobre os transgênicos	– Promulgação de leis dos crimes relativos aos agrotóxicos e à poluição (1989) – Criação da Secretaria do Meio Ambiente (1990) – Criação do Ministério do Meio Ambiente e da	– Formulação da Política Nacional do Meio Ambiente (1989) – Criação das Estações Ecológicas e Áreas de Proteção Ambiental (1990)	– Proposição de estratégias, mecanismos e instrumentos econômicos e sociais para a melhoria da qualidade ambiental e do uso dos recursos naturais (1999)	Poder Público: Federal, Estadual e Municipal; agências regionais; empresas; PPG7; ONGs;	Regional (Amazônia e Nordeste) Local (municípios, comunidades, etc.) Enfoque sobre ecossistemas: Floresta

	Fórum das organizações não-governamentais – Conferência do Clima Global em Kioto (1977)		do Meio Ambiente e da Amazônia Legal (MMA) (1993) – Transformação do MMA em Ministério do Meio Ambiente, dos Recursos Hídricos e da Amazônia Legal (1995) – Criação do Sistema Nacional de Gerenciamento de Recursos Hídricos e Conselho Nacional de Recursos Hídricos (1997) – Promulgação da Lei dos Crimes Ambientais (1998) – Criação da Agência da Água (ANA) (2000) – Criação do Sistema Nacional de Unidades de Conservação (2000) – Criação do Conselho de Gestão do Patrimônio Genético (2001)	– Criação de 10 Projetos de Assentamentos Extrativistas (PAE) – Elaboração da Política Nacional de Integração para a Amazônia Legal (1995) – Formulação da Política Nacional de Recursos Hídricos (1997) – Elaboração da Política Nacional do Meio Ambiente e dos Recursos Hídricos; da política de conservação de ecossistemas com proteção da biodiversidade; da política ambiental para Amazônia Legal (1999). – Estímulo do governo federal à elaboração do Zoneamento Econômico e Ecológico (ZEE) – Realização da ZEE de Rondônia, sob o patrocínio do Banco Mundial (BIRD) (1989) – Definição dos Corredores Ecológicos – Um total de 119 unidades variadas foi criado (23 em área da Mata Atlântica e 51 em área da Floresta Amazônica)	– Construção de Agenda 21 Local/Regional (a partir de 1992) – Criação de formas de fomento ao manejo florestal de uso múltiplo e de ações de prevenção e combate a incêndios florestais e à capacitação para o planejamento e o uso da terra (década de 1990). – Promoção de ações de educação ambiental, incentivos aos processos de gestão ambiental para a reversão de práticas agropecuárias (década de 1990) – Implantação de certificação ambiental (selo verde) e das ISOs (*International Organization for Standartization*): ISO 9000 e ISO 14000	alianças entre governo e ONGs; comunidades.	Amazônica e Mata Atlântica, Pantanal

2.2. *Intervencionismo do Estado e Crise Ecológica Global (1972 a 1987)*

Este segundo momento no processo de formulação de políticas ambientais no Brasil foi fortemente influenciado pela repercussão do informe do Clube de Roma, *The Limits of Growth*, divulgado em 1971, e da Conferência das Nações Unidas sobre Meio Ambiente, realizada em Estocolmo em 1972. A crise do petróleo no início da década de 1970 ampliou o debate mundial sobre a escassez absoluta e relativa dos recursos naturais. Em 1971, foi fundado o *Greenpeace*, uma das organizações não-governamentais (ONG) de maior visibilidade no setor ambientalista. A industrialização acelerada provocava desastres de repercussão mundial, como o do *Love Canal*, em 1978, nos Estados Unidos. Em 1979 foi criado o primeiro Partido Verde do mundo, na Alemanha.

O país passou a sofrer forte pressão do movimento ambientalista e de organismos financeiros internacionais em virtude do ritmo acelerado de degradação de seu ainda grande patrimônio natural. As políticas ambientais entram em contradição com as políticas modernizantes e de integração nacional implementadas pelo regime militar, com forte impacto sobre a Bacia Amazônica. As atividades de construção de estradas, barragens e linhas de transmissão de energia elétrica, assim como os projetos de mineração industrial implementados a partir dos Planos Nacionais de Desenvolvimento (PNDs) entre 1975 e 1985, foram pressionados a realizar estudos de impacto ambiental, bancados por empresas estatais e privadas. Medidas de mitigação desses impactos também eram cobradas. Segundo Drumond (2001), a Política Nacional do Meio Ambiente, de 1981, deu origem a dois procedimentos importantes que forneceram as bases para a criação dos "custos de poluir": a criação do Sistema de Licenciamento de Atividades Poluidoras (SLAP) no âmbito dos estados e os estudos prévios de impacto ambiental.

Este período caracteriza-se, sobretudo, pela criação de um arcabouço institucional destinado a cuidar dos problemas ambientais. Influenciado pela criação de agências ambientais na Europa Ocidental e na América do Norte (Leis, 1996) e pressionado pelo movimento ambientalista internacional, o governo militar tenta ajustar sua postura de comando do desenvolvimento com o fortalecimento de um arcabouço institucional voltado a tratar da questão ecológica. Em 1973, foi criada a Secretaria Especial do Meio Ambiente (SEMA), no âmbito do Ministério do Interior.

A crescente preocupação com a proteção de áreas naturais, na década de 1970, fez com que se diversificassem e multiplicassem as unidades de conservação em todo o país. Nesse período, num espaço de quinze anos, 76 unidades de diferentes naturezas foram criadas pelo governo federal, contra 26 no longo período de 1930 a 1971. Além dos parques nacionais e florestas nacionais, surgiram as reservas biológicas, estações ecológicas, áreas de proteção ambiental, reservas ecológicas e áreas de relevante interesse ecológico, que atendiam a interesses e objetivos múltiplos e à necessidade de proteção de biomas diversos. Parques nacionais, reservas e estações ecológicas estavam estreitamente vinculados ao interesse da comunidade científica em fazer avançar as atividades de pesquisa. Estações ecológicas para proteção do mico-leão, ameaçados de extinção, foram criadas no Rio de Janeiro e sul da Bahia.

Chama a atenção nesse período a ênfase dada aos problemas de reestruturação regional identificados, especificamente, na Região Nordeste, superpovoada, e na Região Amazônica, para onde se redirecionava o povoamento. A região da Floresta Amazônica foi particularmente incluída no quadro das preocupações ambientalistas, nacionais e internacionais. O surgimento, no final do período, em 1986, dos Estudos de Impacto Ambiental (EIA) e dos Relatórios de Impacto Ambiental (RIMA) foram respostas à crescente visibilidade das populações locais, nativas ou não, ameaçadas pelos projetos infra-estruturais que proliferam em todo o país.

2.3. Democratização e Descentralização Decisória (1988 aos dias atuais)

O terceiro momento na trajetória das políticas ambientais corresponde a uma mudança significativa, embora não radical, na abordagem da problemática ambiental do país. A divulgação do Relatório Brundtland, em 1987, introduz com grande repercussão o conceito de desenvolvimento sustentável. No âmbito interno, o processo de redemocratização leva à promulgação de uma nova Constituição, em 1988, com forte tendência descentralizadora. As preocupações com o clima global, a partir da constatação de níveis elevados de dióxido de carbono na atmosfera, aumentaram a atenção internacional em relação ao ritmo do desmatamento na Amazônia (Dean, 1997).

O envolvimento da sociedade local nas questões ambientais passou a ser estimulado. Noções de divisão de responsabilidades e de complementaridade entre as competências federais, estaduais e municipais ganham importância, acompanhadas de discussões sobre o papel dos diversos atores sociais na reformulação das políticas públicas e no reordenamento das demandas setoriais e regionais.

A Constituição de 1988 foi a primeira a tratar especificamente da questão ambiental. Contém um capítulo específico sobre o meio ambiente e nela se declarou como patrimônio nacional a Mata Atlântica, a Floresta Amazônica e o Pantanal. Instituiu novas bases de aplicação de multas, a obrigação de recuperação dos ambientes degradados e a lei para compensar (criação de *royalties*) à União, aos estados e aos municípios pela exploração de recursos naturais (hídricos, minerais e petrolíferos).

No período, intensificou-se o processo de criação de unidades de conservação. No intervalo de 13 anos (1988 a 2001), 119 unidades de conservação foram criadas, das quais 57 na Região Norte, como resultado de pressões nacionais e internacionais. Além das unidades que já vinham sendo criadas em períodos anteriores, foram efetivadas a criação de unidades com *status* de uso direto, como as reservas extrativistas, e a adequação de unidades, como parques nacionais, florestas nacionais e áreas de proteção ambiental, dentre outras, ao modelo de reservas de desenvolvimento sustentável, tentando conciliar proteção da natureza com os modos de vida tradicionais.

Em 1989, o antigo Instituto Brasileiro de Desenvolvimento Florestal (IBDF) foi transformado em Instituto Brasileiro de Meio Ambiente e Recursos Naturais Renováveis (IBAMA), sendo responsável pela administração das unidades de conservação. Preocupações de segurança militar levaram o governo federal a lançar, na década de 1990, o Sistema de Vigilância da Amazônia (SIVAM) e o Sistema de Proteção da Amazônia (SIPAM), que têm entre seus objetivos o de contribuir com o monitoramento e o controle ambiental da Amazônia.

Como resposta às críticas ao desmatamento da Amazônia, o governo decidiu coordenar um projeto de Zoneamento Econômico e Ecológico

(ZEE) para a Amazônia, contando para isso com o apoio financeiro e técnico do Programa Piloto para a Conservação das Florestas Tropicais Brasileiras (*Rain Forest Pilot Program* — PPG7), lançado em 1990 pela cúpula dos sete países mais ricos do mundo. O PPG7 tem, no entanto, um objetivo mais amplo: o de colaborar com a formulação de políticas públicas para a Região Amazônica e para a Mata Atlântica, que sejam coerentes com a noção de desenvolvimento sustentável. Tem estimulado também a participação de organizações não-estatais nesse processo.

As políticas ambientais voltadas para a adoção de medidas de cunho normativo foram as que mais evoluíram no Brasil. Iniciativas governamentais foram articuladas nos campos da gestão dos recursos hídricos, do manejo florestal, controle de poluição, prevenção e combate a incêndios florestais, capacitação para o planejamento e o uso da terra e promoção de ações de educação ambiental. Um novo código florestal foi promulgado em 1996, ampliando a área de reserva legal de floresta nativa de 50 para 80% nas propriedades privadas. Foi sancionada a Lei nº 9.433, de 8 de janeiro de 1997, que regulamenta a gestão dos recursos hídricos, e promulgada a Lei nº 9.605, de 12 de fevereiro de 1998, que trata dos crimes ambientais. Ainda que não na medida desejável, o controle e a fiscalização das atividades produtivas também avançaram no período.

No campo não-estatal ganharam força medidas voltadas para a certificação ambiental (selo verde) e para a aquisição dos padrões ISO (*International Organization for Standartization*) 9001 e 14000. As ONGs reunidas durante a Conferência das Nações Unidas sobre Meio Ambiente e Desenvolvimento (Rio-92) firmaram compromisso com a elaboração das Agendas 21 locais e regionais, num contexto de crescente preocupação com a destruição da camada de ozônio, com a proteção da biodiversidade e dos recursos hídricos. Em 1993, foi criado o Ministério do Meio Ambiente, Recursos Hídricos e Amazônia Legal (MMA), que assumiu compromissos com as recomendações da Rio-92 e com a construção das Agendas 21 e das agendas ambientais institucionais e comunitárias. O final da década de 1990 foi marcado ainda pelo debate sobre os transgênicos.

No quadro geral da crise financeira das décadas de 1980 e 1990, as mudanças nas estratégias econômicas do Estado brasileiro repercutiram na política tradicional de defesa dos recursos naturais. A privatização dos setores energéticos e minerais resultou na transferência de responsabilidades na condução da gestão ambiental para alguns segmentos do setor empresarial. As políticas ambientais continuaram a se confrontar com políticas desenvolvimentistas, com ênfase em projetos de infra-estrutura planejados para os eixos de integração e desenvolvimento expressos nos programas Brasil em Ação (1996-1999) e Avança Brasil (2000-2003).

Nesse período, consolidam-se as políticas do tipo indutor do desenvolvimento sustentável. O Estado passa a pensar em alocação de recursos e em emprego estratégico de instrumentos econômicos destinados a promover práticas ecológicas e a inviabilizar comportamentos predatórios, incluindo o estímulo a novas formas de manejo dos recursos naturais e a promoção dos instrumentos de parceria entre o poder público e a sociedade civil. Ampliaram-se ainda os passos dados em direção à construção de formas de gestão ambiental participativa.

Não obstante os avanços verificados nas decisões e ações ambientais participativas, encabeçadas e patrocinadas pelo poder público, o Estado continua a formular e implementar políticas antagônicas. Dita tanto normas e regras de proteção ambiental quanto estabelece leis contraditórias de incentivos fiscais e creditícios ou de criação de reservas legais no interior das propriedades (rurais), que acabam por contribuir para acelerar os processos de exploração florestal e de devastação dos demais recursos naturais. Esse foi o caso da Mata Atlântica no passado e tem sido a história recente da Floresta Amazônica.

3. Crenças e Idéias, Valores e as Políticas Ambientais

O processo de formulação de políticas públicas, num determinado contexto social e histórico, é grandemente influenciado pela percepção que os indivíduos têm da realidade. As mudanças nas diretrizes e nos objetivos dessas políticas não são definidas, portanto, unicamente por processos objetivos de inovação tecnológica e crescimento econômico, por exemplo, mas, também, por transformações nas crenças, idéias e valores dominantes na sociedade que formam paradigmas sociais (Porter e Brown, 1996).

O paradigma do desenvolvimento sustentável tem emergido como um conjunto alternativo de crenças, idéias e valores num processo de contestação à até então dominante percepção do planeta como uma fronteira aberta de recursos naturais ilimitados. Identificado com os pressupostos da economia neoclássica, o paradigma da fronteira aberta acreditava no pressuposto de que o mercado livre maximizaria o bem-estar social e providenciaria, pela inovação tecnológica e substituição de matérias-primas, a postergação da escassez absoluta para o futuro, indefinidamente. Na década de 1970, a divulgação de estudos que projetavam as interações futuras entre população, crescimento econômico e recursos naturais chamou a atenção para os riscos de destruição dos recursos naturais e degradação dos ecossistemas terrestres, dando suporte às contestações que eram feitas desde a década anterior à percepção de que os recursos naturais eram ilimitados (Porter e Brown, 1996).

Diversos atores sociais passaram a compartilhar a percepção de que os índices de desenvolvimento econômico e de crescimento populacional ameaçavam ultrapassar a capacidade de suporte do planeta e de que era necessário definir limites para o crescimento e repensar a noção de desenvolvimento (Porter e Brown, 1996).

Essa nova percepção da realidade influenciou a formulação de políticas públicas nacionais, primeiro nos países desenvolvidos e depois nos países em desenvolvimento, voltadas à resolução dos problemas ambientais que se multiplicavam e a estabelecer novos padrões de uso dos recursos naturais. Tratados internacionais começaram a ser negociados para encaminhar soluções para problemas ambientais globais, ao mesmo tempo em que um número cada vez maior de organizações não-governamentais passou a se interessar pelo tema e em que os organismos internacionais reorientam suas estratégias de ação, incorporando as preocupações com a degradação ambiental.

No interior do próprio paradigma emergente, porém, duas abordagens filosóficas e epistemológicas contrastantes surgiram e a corrente instrumental foi se consolidando como hegemônica em relação à ecocêntrica. A corrente ecocêntrica vê a Terra como um ser vivo, um ecossistema gigante denominado biosfera, que a humanidade tem a obrigação moral de salvar da degradação mediante uma mudança radical de consciência que levaria a transformações na base produtiva da sociedade ocidental. A corrente instrumental, por outro lado, prega a proteção do planeta por seu valor econômico, sem desafiar os fundamentos filosóficos da sociedade industrial. Concebe o planeta como um sistema gigante de recursos, e o termo *conservação* é sinônimo de manejo eficiente dos recursos com o objetivo de obter níveis ótimos de produção sem ameaçar a reposição de seus estoques. As noções de manejo, monitoramento e planejamento do uso dos recursos naturais são caras frente à corrente instrumental, preocupada em assegurar o fornecimento contínuo de matérias-primas para a indústria e comprometida com o discurso do progresso (Duarte, 2001).

Para Duarte, a crescente institucionalização das questões ambientais e a tendência reformista nos discursos e práticas ambientalistas favoreceram a hegemonia da corrente instrumental. Esta hegemonia está relacionada com o conceito de modernização ecológica, que reconhece o caráter estrutural da problemática ambiental, mas que defende as instituições políticas, econômicas e sociais já existentes, afirmando que elas podem internalizar o cuidado com o meio ambiente por meio de um programa de direcionamento de políticas ambientais. O *slogan Salve o Planeta* da corrente ecocêntrica, portanto, perdeu espaço para o *slogan Maneje o Planeta* da corrente instrumental.

A referência ao paradigma do desenvolvimento sustentável em sua corrente instrumental hegemônica não é suficiente para se apreender como a percepção da realidade tem influenciado as políticas ambientais executadas no Brasil. Crenças, idéias e valores relacionados a diferentes, nem sempre compatíveis, abordagens interpretativas das relações entre sociedade e meio ambiente e do papel do Estado na regulação dos usos dos recursos naturais e do comportamento de indivíduos e grupos sociais tiveram e continuam tendo papel fundamental nesse processo.

Não é possível dar conta de todas as idéias que ajudaram a moldar a política ambiental brasileira nas últimas décadas. Optou-se por priorizar alguns dos campos de debate, levando-se em conta a relação com as políticas públicas que serão analisadas adiante e a relevância dessas idéias na construção de uma percepção crítica da atuação do Estado na regulação dos usos dos recursos naturais no Brasil. De modo geral, as idéias que serão aqui discutidas debatem o papel do Estado na regulação do comportamento de indivíduos e grupos sociais quanto ao uso da base de recursos naturais. As divergências entre essas abordagens podem ser resumidas em dois aspectos principais:

a) a definição dos arranjos institucionais mais adequados à regulação ambiental, com posições marcadas pela forte intervenção do Estado, pela auto-regulação dos usuários dos recursos e pelas leis do mercado;
b) o caráter das relações entre sociedade e meio ambiente, em que as divergências estão colocadas principalmente em termos de crença ou não na possibilidade de que sejam harmonizados o uso humano de recursos naturais e a conservação da natureza.

Na base desses debates podem ser identificadas uma discussão antiga acerca do problema populacional (colocada em termos malthusianos) e outra mais recente sobre as dinâmicas ecológicas e suas relações com a sociedade (contrapondo noções de equilíbrio e complexidade).

3.1. O Problema da Regulação

Quais são as melhores instituições para a regulação do uso e acesso aos recursos naturais? As instituições sob controle do Estado são mais ou são menos eficazes que aquelas criadas e mantidas pelos usuários diretos dos recursos? É possível articular intervenção do poder público e auto-regulação em novos modelos de regulação? Mecanismos de mercado podem ajudar no processo de controle das práticas daqueles que exploram os recursos naturais? A ênfase dada ao papel do Estado na proteção ao meio ambiente e na regulação dos usos dos recursos naturais depende, em grande parte, do modo como se responde a estas perguntas.

3.1.1. Tragédia dos Comuns e o Papel do Estado

A metáfora da tragédia dos comuns tem sido utilizada nas últimas três décadas como um dos principais argumentos na defesa da forte presença do Estado na regulação do acesso e uso aos recursos naturais e da propriedade privada em detrimento da propriedade coletiva como meios de se evitar a degradação ambiental. Popularizada por Garret Hardin, a partir de 1968, com a publicação de um influente artigo, a noção de tragédia dos comuns é normalmente associada à idéia de que recursos apropriados em comum estão sujeitos à degradação massiva (Hardin, 1980; Feeny *et al.*, 1990).

Hardin construiu a metáfora da tragédia dos comuns como uma expressão da contradição entre racionalidade individual e racionalidade coletiva. Para demonstrar essa contradição, toma como exemplo o processo que leva à degradação de um pasto comum utilizado por um grupo de pastores. Com o objetivo de maximizar benefícios e minimizar custos, cada pastor individual considerará racionalmente mais vantajoso ter um número crescente de animais no pasto. Como o pasto é um recurso comum, os custos de manutenção de um número maior de animais serão repartidos com os demais usuários, enquanto os benefícios serão apropriados individualmente, já que os rebanhos não são coletivos. Cada pastor agindo racionalmente, então, acrescentará mais e mais animais ao pasto, até que sua capacidade de suporte seja ultrapassada, levando, com o tempo, à perda total do recurso para a inteira comunidade de pastores (Hardin, 1980; Feeny *et al.*, 1990).

A regulação do Estado, não apenas determinando as regras para a exploração dos recursos naturais, como também tornando públicas propriedades comuns, passou a ser proposta como solução para a contradição entre os interesses individuais de quem explora um determinado recurso e os interesses coletivos de todo o grupo de usuários e da sociedade em geral.

É importante destacar a crítica de Hardin a Adam Smith quanto à idéia de que decisões individuais serão as melhores decisões para a sociedade como um todo. Para ele, era preciso exorcizar o espírito de Adam Smith no que concerne à crença de que uma mão invisível operaria quando indivíduos agissem visando unicamente a seu próprio ganho, levando-os a promover, assim, o interesse público (Hardin, 1980).

A interpretação comum é a de que Hardin propõe, como alternativa à tragédia dos comuns, que os recursos apropriados coletivamente deveriam ser privatizados ou mantidos como propriedade do Estado que, por sua vez, definiria as regras de acesso e uso (Feeny *et al.*, 1990). Hardin efetivamente apresenta essa alternativa, mas no contexto de suas preocupações com o crescimento populacional. Ainda que não desenvolva a idéia explicitamente, ele parece concluir que a tragédia dos comuns só será evitada quando cessar o crescimento populacional. A problemática populacional, no entanto, não tem sido associada à expressão *tragédia dos comuns*.

3.1.2. As Iniciativas de Auto-Regulação

Nas últimas décadas, pesquisas em várias regiões do mundo, seja nos países desenvolvidos ou em desenvolvimento, têm procurado demonstrar que os grupos sociais diretamente envolvidos com a exploração dos recursos naturais, especialmente aqueles apropriados coletivamente, são capazes de criar instituições destinadas a evitar a degradação da base comum de recursos e negar as previsões da tragédia dos comuns.

Estudos de caso têm indicado que, de um lado, interações complexas entre as características do recurso, o regime de propriedade e outros arranjos institucionais, e de outro, o contexto socioeconômico, influenciam a efetividade das estratégias de regulação adotadas (Feeny *et al.*, 1990). Essas pesquisas deram visibilidade às iniciativas de auto-regulação empreendidas pelos próprios usuários dos recursos naturais. Ao partirem, também, do que chamam de dilemas da ação coletiva, como expressão da contradição entre racionalidade individual e racionalidade coletiva, pesquisadores associados com a teoria dos recursos comuns (Ostrom, 1990) ou variações dela destacam o papel das instituições locais na resolução destes dilemas. Esses pesquisadores têm se dedicado a mostrar que os arranjos institucionais definem as perspectivas de sucesso, tanto num contexto de propriedade comum, quanto num contexto de propriedade privada ou estatal. Especialmente, têm se dedicado a estudar estes arranjos institucionais em situações que envolvem recursos e propriedade comuns. Mostram, então, que os próprios usuários de recursos comuns podem criar instituições estáveis que evitam a degradação dos recursos naturais sem a necessidade de intervenção do Estado. São capazes, assim, de se organizar em torno de uma ação coletiva, num processo de auto-regulação.

O pressuposto básico aceito por este grupo de pesquisadores é que o fracasso em se estabelecer a cooperação entre indivíduos com vistas a alcançar um benefício comum não é necessariamente um sinal de ignorância ou irracionalidade. Ao contrário, é justamente porque os indivíduos tendem a agir racionalmente na busca de garantir seus melhores interesses que sua ação individual pode colocar em xeque os interesses da coletividade. As instituições locais seriam criadas justamente para regular o comportamento dos indivíduos e reduzir as incertezas (Ostrom, 1990).

Feeny *et al.* (1990) argumentam que o artigo original *The tragedy of the commons* alude à viabilidade potencial da propriedade comum e das instituições locais na regulação do uso e acesso aos recursos naturais. Hardin (1980) fala em arranjos sociais (ou seja, instituições) que criam responsabilidade por meio da coerção mútua, acordada pela maioria da população afetada. Não difere, em essência, das conclusões dos trabalhos posteriores que, focalizando os arranjos institucionais, constataram a longevidade de iniciativas locais de regulação. Para seus críticos, Hardin confundiu situações de acesso livre (*open access*) com situações de propriedade comum em que acesso e uso de recursos são normalmente regulados por meio de arranjos institucionais ou fatores culturais. O comportamento individual passa então a ser controlado, e os usuários são capazes de mudar as regras de acesso e uso quando percebem que o recurso comum está sendo superexplorado (Feeny *et al.*, 1990).

3.1.3. Sistemas de Co-manejo

Mais recentemente, têm surgido tentativas de articular as atividades de regulação do uso dos recursos naturais pelo Estado com as iniciativas locais de regulação do comportamento dos membros de um grupo definido de usuários diretos. Essa união entre regulação estatal e auto-regulação tem sido chamada de co-manejo ou manejo participativo (McGrath, 2000).

As iniciativas de co-manejo procuram enfrentar as fragilidades e problemas apresentados tanto pela regulação comandada pelo Estado como aquela encabeçada por comunidades ou usuários locais. O modelo estatal ou tecnocrata de regulação gera grande demanda sobre a capacidade de monitoramento do Estado, que por sua vez não dispõe de pessoal, fundos e equipamentos necessários para execução das atividades de fiscalização e controle das regras de uso e acesso aos recursos naturais estabelecidas por suas leis e decretos. Por outro lado, o Estado depende ainda de uma ampla base de dados para tomar suas decisões, informações que normalmente não estão disponíveis ou apresentam altos custos, especialmente para as instâncias públicas dos países em desenvolvimento (McGrath, 2000).

Uma das estratégias de co-manejo é a incorporação de iniciativas locais de regulação à estrutura formal do manejo de recursos naturais. Nesse processo, o Estado reconhece as iniciativas locais como legítimas, dando-lhes apoio, e aproveita-se dos esforços locais de monitoramento. McGrath (2000), estudando a experiência de manejo de lagos e de seus estoques pesqueiros na região do Baixo Amazonas, argumenta que a adoção de um modelo de co-manejo ou de manejo participativo enfrenta dois pontos críticos: garantir o aumento da eficácia das iniciativas locais de regulação e assegurar a participação efetiva dos órgãos públicos no manejo local de recursos naturais.

3.1.4. Mecanismos de Mercado

Mesmo que a crítica ao mercado livre como agente regulador do uso e acesso aos recursos naturais esteja na base das políticas ambientais formuladas nas últimas décadas, a crença no mercado como instância reguladora não foi completamente abandonada. A partir da década de 1980, tem sido desenvolvida e implementada uma estratégia de regulação que aposta nos mecanismos de mercado como abordagem apropriada ou complementar para que sejam enfrentados problemas ambientais, instrumentalizados pelos inúmeros certificados ambientais ou selos verdes (Byron, 2001; Egestad, 2001; Kant, 2001). Os mecanismos de certificação estão normalmente associados a regimes privados de regulação ou auto-regulação (Coleman e Perl, 1999), independentemente das estruturas dos Estados nacionais e organizados em instituições não-governamentais com atuação internacional.

Byron (2001) acredita que ainda é cedo para se dizer se os problemas ambientais podem mesmo ser enfrentados por meio de mecanismos de mercado e se surpreende com a quantidade de dinheiro e de esforços gastos com a certificação ambiental. Para Egestad (2001), os processos de certificação só farão sentido se apreenderem a origem social dos problemas ambientais e ajudarem a criar novas instituições para o manejo. Kant (2001) argumenta que os benefícios de mercado para produtos certificados tendem a ser um fenômeno de curto prazo. Para ele, ainda que o processo de certificação florestal, por exemplo, tenha aumentado as oportunidades de consulta entre diversos atores sociais envolvidos com o manejo florestal, seu objetivo principal, o de reduzir o ritmo do desmatamento das florestas tropicais do mundo, tem falhado.

3.2. Proteção da Biodiversidade

A definição de estratégias adequadas de conservação da diversidade biológica e de proteção de ecossistemas ameaçados pela atividade antrópica é um dos temas mais polêmicos no interior do movimento ambientalista, com implicações em termos de políticas públicas, financiamentos de organismos internacionais e atuação de organizações não-governamentais ligadas à proteção ambiental e ao desenvolvimento. As proposições divergentes nesse campo podem ser diferenciadas quanto a valores, objetivos e estratégias, bem como pela análise de ações efetivas implementadas por governos, ONGs, agências multilaterais e organismos de financiamento, em contextos temporais e espaciais diversos.

Duas grandes vertentes podem ser identificadas no interior do movimento ambientalista quando se fala em estratégias de conservação da biodiversidade e proteção de ecossistemas e de suas funções ecológicas. De um lado, estão aqueles identificados com ações que objetivam a proteção da natureza em seu estado original, intocado, sem a interferência humana, aqui chamados de preservacionistas. De outro lado, encontram-se aqueles que advogam a implementação de estratégias de uso sustentável dos recursos naturais, em que as populações locais possam fazer uso dos recursos naturais com vistas a garantir sua subsistência e a vender produtos no mercado, adotando estratégias de manejo que evitem a degradação dos ecossistemas em que vivem, aqui chamados de conservacionistas.

3.2.1. Estratégia Preservacionista

Nas décadas de 1970 e 1980, as políticas ambientais, particularmente aquelas destinadas à proteção das florestas tropicais nos países em desenvolvimento, foram fortemente influenciadas pela idéia de proteção ambiental, com base em um governo central forte, na criação de unidades de conservação e numa estratégia coercitiva e punitiva, de regulação e controle, para evitar a utilização dos recursos naturais das áreas a serem protegidas das atividades humanas. Os problemas ambientais deveriam ser enfrentados mediante a implementação de um conjunto de leis rigorosas sobre o uso e acesso à terra e da exclusão de grupos sociais de ecossistemas considerados frágeis ou ameaçados (Johnson e Cabarle, 1993; Hall, 1997; Terborgh, 1999).

De acordo com Terborgh (1999), um dos principais expoentes das idéias preservacionistas, há um valor intrínseco na natureza que deveria ser preservado por si mesmo e não como reserva de recursos naturais para o uso dos seres humanos. O problema é que mesmo os lugares mais remotos não conseguem escapar das conseqüências das atividades humanas; daí a necessidade de criação de áreas protegidas pelo Estado com estruturas fortes de vigilância.

Conservar a biodiversidade, para os preservacionistas, significa minimizar futuras extinções, preservando intactos os processos vitais que mantêm a diversidade biológica em ecossistemas livres de distúrbios. Destaca-se particularmente a função ecológica dos predadores que se encontram no topo da cadeia alimentar; animais que necessitam de grandes áreas contínuas preservadas para a manutenção de populações geneticamente viáveis. A presença desses grandes predadores seria um verdadeiro indicador de saúde de um ecossistema (Terborgh, 1999).

Terborgh (1999) identifica como maiores desafios para a conservação da natureza problemas de caráter social: superpopulação, desigualdades de poder e riqueza, exaustão dos recursos naturais, corrupção, falta de leis, pobreza e intranqüilidade social. As pressões exercidas pela busca de desenvolvimento econômico e pelo crescimento populacional seriam, para ele, as principais causas da destruição da natureza nos trópicos. Chega a mencionar o fato de que, para muitas populações locais, parques e áreas preservadas são vistos como imposições do governo, que infringem as formas tradicionais de uso da terra.

Apesar disso, suas propostas insistem na delimitação de áreas em que a presença humana seja proibida e argumenta em favor da internacionalização da proteção da natureza, sob os cuidados de uma instituição supranacional, com fundos dos países desenvolvidos e com força policial para evitar ataques externos às áreas protegidas.

3.2.2. *Estratégia Conservacionista*

Ainda na década de 1980 começa a ganhar força um movimento de crítica ao paradigma preservacionista e aos pequenos resultados alcançados pelas políticas ambientais formuladas a partir da proteção estrita de espécies e hábitats (Brown e Wickoff-Baird, 1994), crítica que é fortalecida pelo incremento das taxas de desmatamento nas regiões de florestas tropicais.

O diagnóstico sobre a crise ambiental do planeta, apresentado pelos defensores do paradigma conservacionista, não difere muito daquele feito pelos preservacionistas, chamando-se atenção para as relações entre o subdesenvolvimento, as instabilidades política e institucional, de um lado, e a degradação dos ecossistemas terrestres, de outro. Os primeiros, no entanto, dão maior ênfase às interações entre pobreza rural, aumento na exploração dos recursos naturais e invasão de áreas protegidas (Brown e Wickoff-Baird, 1994). As diferenças na abordagem conservacionista em relação ao paradigma preservacionista para a proteção ambiental podem ser resumidas em cinco aspectos centrais:

a) As comunidades locais, com suas práticas e valores, deixam de ser vistas como "saqueadoras da natureza" e passam a ser encaradas como atores sociais importantes para a conservação dos recursos naturais (Brown e Wickoff-Baird, 1994; Gibson e Koontz, 1998).
b) A natureza passa a ser tratada como um recurso e as estratégias de conservação passam a se basear na noção de manejo sustentado. Os programas de proteção da natureza deveriam levar em conta os interesses econômicos e a satisfação das necessidades humanas básicas das populações locais (Saterson, 1994; Brown e Wickoff-Baird, 1994; Kaiser, 1999).
c) Os conservacionistas privilegiam a proteção da estrutura e funcionalidade das florestas e não a de sua biodiversidade. Essa mudança de perspectiva permitiria a conciliação entre os objetivos de manutenção dos serviços ambientais e de exploração de seus recursos pelas populações locais (Nepstad e Schwartzman, 1992; Nepstad *et al.*, 1992).
d) Os conservacionistas chamam atenção para o papel dos agentes da sociedade civil como colaboradores das instâncias governamentais

na elaboração e execução das políticas e da gestão ambiental, e clamam por estruturas mais participativas de tomada de decisão (Hall, 1997; Gibson e Koontz, 1998; Kaiser, 1999).

e) Para os "conservacionistas", é importante analisar quem se beneficia das políticas e programas de conservação das florestas tropicais. A distribuição de custos e benefícios entre grupos sociais distintos passa a ser uma preocupação do movimento ambientalista (Nepstad e Schwartzman, 1992; Brown e Wickoff-Baird, 1994).

A abordagem conservacionista é normalmente identificada com estratégias locais de conservação, em que as comunidades são tomadas como espaço apropriado para se exercer a autoridade sobre as atividades de manejo, em detrimentos de esforços centralizadores baseados em organismos estatais (Gibson e Koontz, 1998). É associada ainda com a noção mais ampla de desenvolvimento sustentável, em que o uso produtivo dos recursos naturais, para promover crescimento econômico e fortalecer modos de vida locais, caminha lado a lado com a conservação desses recursos para benefício das gerações presentes e futuras (Hall, 2000).

4. Gestão Participativa dos Recursos Naturais

No campo da formulação e execução de políticas ambientais tem-se enfatizado a ampliação dos mecanismos de participação dos diversos atores sociais envolvidos com a gestão dos recursos naturais. Depois de um período em que as iniciativas de regulação estiveram fortemente centralizadas junto às instituições governamentais, o cenário das décadas de 1980 e 1990 foi sendo crescentemente marcado pela busca de modelos alternativos de participação da sociedade civil nos processos de tomada de decisão de políticas e também na implementação de programas e projetos com caráter ambiental.

O entusiasmo com a defesa da participação na gestão ambiental pode encobrir, no entanto, algumas de suas limitações. Um dos primeiros problemas é a dificuldade em identificar todos os atores sociais diretamente interessados no uso e manejo de recursos naturais e envolvê-los num processo de tomada de decisão, especialmente os grupos mais marginalizados

(Mitraud, 2001). A participação nem sempre é pensada em todos os seus níveis e muitas vezes envolve apenas as etapas de implementação de projetos, deixando os processos de formulação das políticas e das estratégias de gestão ambiental centralizados nas instituições públicas.

De todo modo, tende a se intensificar a tendência de inclusão de novos atores sociais no processo de formulação e execução de políticas públicas, que deixa de ser atividade exclusiva do Estado. São estabelecidas, nesse caminho, relações de cooperação e conflito entre Estado e atores não-estatais, marcadas pelas mediações de diferentes conjuntos de crenças, idéias e valores.

4.1. A Emergência de Novos Atores Sociais

Não parece haver dúvida de que o Estado permanece como espaço central de articulação entre diferentes projetos políticos e visões de mundo acerca das linhas principais da política ambiental no Brasil. Apesar disso, uma gama variada de atores não-estatais exerce influência crescente na formulação de políticas, incluídas as políticas ambientais que têm existência paralela aos aparelhos do Estado, e na gestão dos recursos naturais. Porém, assim como é influenciado, o Estado também é capaz de definir as linhas de atuação dos atores não-estatais, ao decidir sobre programas e linhas de financiamento, legitimar ações e criar condições favoráveis para a implementação de projetos (Gohn, 1997; Porter e Brown, 2000).

Entre os atores não-estatais estão incluídas as organizações internacionais, as ONGs e as grandes corporações. As organizações internacionais têm forte peso na definição de uma agenda ambiental global e cooperam com países em desenvolvimento em programas que afetam diretamente o meio ambiente. As ONGs também participam na definição de uma agenda ambiental, tanto internacional quanto nacionalmente; influenciam nas negociações sobre mecanismos de regulação e dão forma às políticas ambientais de agências e doadores internacionais mediante a implementação de projetos de intervenção direta ou de programas de pesquisa. Grandes corporações também formulam e executam políticas ambientais, criando áreas de proteção ambiental ou investindo em projetos estatais ou ONGs, de acordo com seus interesses empresariais e de *marketing* (Porter e Brown, 1996; Hall, 1997; Coelho, 2000).

Porter e Brown (1996) destacam a influência das organizações internacionais, particularmente das instituições financeiras internacionais, como o Banco Mundial e o Fundo Monetário Internacional, sobre as políticas nacionais de desenvolvimento, por meio de financiamentos a projetos e pesquisas, bem como pela pressão para que adotem normas compatíveis com a noção de desenvolvimento sustentável. Hunter e Brown (2000), por outro lado, minimizam o impacto da influência dessas organizações na formulação de políticas nos países em desenvolvimento, argumentando que as normas e idéias transmitidas por essas organizações nem sempre são aplicadas pelos países que as recebem. De acordo com esses atores, interesses de grupos internos aos estados nacionais parecem prevalecer sobre as idéias das instituições internacionais no processo de formulação e execução de políticas públicas.

O setor ambiental é um dos mais influenciados pela atuação das organizações não-governamentais, seja em ações de financiamento de projetos, do exercício de pressão sobre o Estado ou em realização de pesquisas que influenciam a elaboração posterior de políticas. A gestão dos recursos naturais passa cada vez mais por negociações com representantes das ONGs e também pelo fato de que muitas ONGs estão assumindo tarefas que, antes, eram de exclusividade dos órgãos públicos, seja por ofertas de serviços públicos, seja na fiscalização do cumprimento de acordos e regulações ambientais (Hall, 1997). De acordo com Gohn (1997), a ação das ONGs criou uma nova esfera de atuação: a pública não-estatal.

5. *Iniciativas Recentes de Integração entre Políticas e Gestão Ambiental*

O Estado, enquanto principal mediador no processo de regulação do uso e acesso aos recursos naturais e de proteção ao meio ambiente, tem procurado construir um modelo de gestão que integre interesses diversos, resolvendo as contradições postas quando se procura alcançar desenvolvimento econômico e conservação da natureza. Duas políticas, entre outras, parecem expressar bem os desafios e oportunidades colocados para a proteção do meio ambiente no país: 1) a Política Nacional de Recursos Hídricos, com seu modelo de gestão de bacias hidrográficas, e 2) a criação de reservas extrativistas, no contexto mais amplo de implantação de unidades de conservação para proteger áreas consideradas ecologicamente estratégicas do território nacional.

5.1. Política dos Recursos Hídricos e Gestão de Bacias Hidrográficas

Na década de 1970, a legislação destinada a regular o uso e o acesso aos recursos hídricos no país, embora abrangente, não correspondia mais aos problemas ambientais específicos gerados no contexto do desenvolvimento industrial. As fontes de conflito entre múltiplos usuários se multiplicavam com a construção de hidrelétricas; com o depósito de esgotos urbanos e industriais no leito dos rios; com a contaminação dos lençóis freáticos pela indústria e pela agricultura; com o aumento da demanda de água tratada nos centros urbanos e com a expansão da agricultura irrigada, entre outros fatores desestabilizadores das relações sociais contempladas no Código de Águas de 1934.

Nessa época, países como Canadá, Japão, EUA, Inglaterra, Itália e Bélgica se envolveram em processos de revisão de suas legislações sobre os usos da água (Migliari Júnior, 2001). No Brasil, surgiram experiências pioneiras de gestão de bacias hidrográficas com histórico de conflitos entre diferentes usuários, especialmente nas regiões Sul e Sudeste, com suas modernas estruturas de produção industrial e agrícola, e posteriormente no Nordeste, região marcada pela maior escassez do recurso.

Os modelos de gestão implementados ao nível local ou regional eram fundamentados nas bacias hidrográficas, recorte espacial/territorial que incluía não apenas os rios, afluentes e reservatórios subterrâneos, mas, também, outros elementos da paisagem física e social. As áreas de várzea, contudo, receberam atenção especial por serem ecologicamente mais vulneráveis e por concentrarem, normalmente, maior percentual do contingente populacional. A crescente percepção da necessidade de mudança nos mecanismos de regulação do uso dos recursos hídricos deu origem ao Projeto de Lei 2.249, encaminhado pelo governo federal ao Congresso Nacional em 1991.

Esse projeto foi transformado na Lei 9.433/97 (conhecida como Lei das Águas), que estabeleceu os princípios básicos para a gestão dos recursos hídricos no país: a) a adoção da bacia hidrográfica como unidade de planejamento, b) o reconhecimento de que a água é um bem econômico, c) a necessidade de serem contemplados os usos múltiplos existentes e potenciais do recurso e d) a implementação de um modelo de gestão descentralizado e participativo (Luchini, 2000).

Ainda que seja um conceito novo em termos de gestão, a bacia hidrográfica é uma unidade de investigação antiga no campo da Geografia Física. É definida pela área de drenagem de um rio principal e de seus tributários. As bacias são compostas de subsistemas (microbacias) e de diferentes ecossistemas (várzea, terra firme) etc. Os limites territoriais das bacias hidrográficas ou de seus subsistemas nem sempre coincidem com as delimitações político-administrativas, de modo que uma mesma bacia pode ser compartilhada por diferentes países, estados ou municípios, criando complicadores para a gestão ambiental.

A bacia é uma realidade física, mas é também um conceito socialmente construído. Passa a ser um campo de ação política, de partilha de responsabilidade e de tomada de decisões. Problemas como desmatamento, mudanças microclimáticas, contaminação dos rios, erosão, enchentes e tensões físico-sociais de natureza diversa impuseram a necessidade de cooperação entre diferentes esferas administrativas, levando à constituição de um novo arranjo institucional cristalizado na forma de comitês de bacia.

O Sistema Nacional de Gerenciamento dos Recursos Hídricos, criado pela Lei 9.433 e regulado pelo Decreto 2.612, de 1998, estabelece regras para a criação e funcionamento dos comitês de bacia. Esses comitês são definidos como fórum de decisão no âmbito de cada bacia hidrográfica e também são formados por representantes dos usuários dos recursos hídricos, da sociedade civil organizada e dos três níveis de governo. Estabeleceu-se, ainda, a criação de agências de águas, que apoiarão um ou mais comitês de bacia. As agências deverão, entre outros objetivos, realizar os estudos necessários para a gestão dos recursos hídricos nas áreas em que atuarem.

As discussões travadas no âmbito da Secretaria de Recursos Hídricos (SRH), atualmente vinculada ao Ministério do Meio Ambiente, levaram à criação, em 2000, da Agência Nacional da Água (ANA), que tem, entre suas atribuições, a cobrança pelo uso da água, constitucionalmente considerada como um bem público. Embora o processo de arrecadação dos recursos financeiros seja uma atribuição da ANA e das entidades estaduais, a aplicação desses recursos deverá ser descentralizada e vinculada a contratos de gestão, a serem estabelecidos entre a ANA/entidades estaduais outorgantes e cada agência de água. Todo o processo se dará, portanto, sob intermediação dos comitês de bacia (Luchini, 2000).

A definição da bacia hidrográfica como a unidade geográfica pertinente para atender a objetivos propostos por organizações institucionais emergentes não é apenas um reconhecimento do peso da dimensão ecológica, mas também das dimensões sociais, culturais e políticas na compreensão da complexidade dos processos ambientais.

O modelo de gestão das bacias hidrográficas, adotado na legislação brasileira, é baseado nos pressupostos do co-manejo e da descentralização das tomadas de decisão. Nesse sentido, os comitês de bacia e as agências de água representam (re)arranjos institucionais com o objetivo de conciliar interesses diversos e muitas vezes antagônicos, assim como controlar conflitos e repartir responsabilidades.

5.2. As Reservas Extrativistas

As Reservas Extrativistas (Resex) enquanto política ambiental do governo federal, implementada pelo IBAMA por meio do Centro Nacional de Desenvolvimento Sustentado das Populações Tradicionais (CNPT), foram criadas em 1990 pelo Decreto 98.897 e passaram a integrar o Programa Nacional de Meio Ambiente. Na prática, eram o desdobramento de uma ação pública já iniciada em 1987 com a criação dos projetos de assentamento extrativista no âmbito do Programa Nacional de Reforma Agrária, sob a tutela do Instituto Nacional de Colonização e Reforma Agrária (Incra). Tanto as reservas como os assentamentos extrativistas eram uma resposta às demandas dos seringueiros reunidos a partir de 1985 em torno do Conselho Nacional de Seringueiros (CNS), que tinham como objetivo central resolver os conflitos entre seringueiros autônomos e grupos antagônicos beneficiados pelos incentivos governamentais à implantação de projetos agropecuários e madeireiros na Amazônia.

As reservas extrativistas são, de acordo com o que dispõe o Decreto 98.897, espaços territoriais destinados à exploração auto-sustentável e à conservação dos recursos naturais renováveis, por população extrativista. Esses espaços territoriais devem ser considerados de interesse ecológico e social. São, portanto, áreas de conservação protegidas pelo Poder Público, destinadas a populações com tradição no uso de recursos extrativos e reguladas por contrato de concessão real de uso, mediante plano de utilização aprovado pelo IBAMA. As Resex são formalmente de propriedade da União, cedidas em concessão de uso às populações extrativas, por período não inferior a 60 anos. A concessão é dada a uma associação de moradores, que passa a ser responsável pela gestão das áreas e pelo controle sobre a utilização dos recursos, sob a fiscalização do poder público (Allegretti, 1994; CNPT/IBAMA, 1998). A partir desse conceito amplo, a criação das reservas extrativistas deixa de ser circunscrita às áreas de exploração da seringa e passa a ser promovida em outros espaços em que populações tradicionais reivindicavam regularização fundiária de áreas de uso comum para atividades extrativistas. As Resex se dividem hoje em duas modalidades: as reservas extrativistas da Amazônia e as reservas extrativistas marinhas.

Até 1989, foram estabelecidos 10 projetos de assentamento extrativista, totalizando uma área total de 889.548 ha e atendendo a 2.924 famílias. Em 1990 foram criadas, de imediato, quatro reservas extrativistas (Alto Juruá e Chico Mendes, no Acre; do Rio Cajari, no Amapá, e do Rio Ouro Preto, em Rondônia), totalizando uma área de 2.162.989 ha e atendendo a 6.250 famílias (Allegretti, 1994). O CNPT trabalha atualmente em 35 áreas extrativistas, compreendendo reservas já criadas, em processo de criação ou em fase de estudo para instituição de novas Resex, localizadas principalmente nas regiões Norte e Nordeste. Ainda durante a década de 1990, o governo do Estado de Rondônia criou, com base no Zoneamento Econômico e Ecológico, outras 21 Reservas Estaduais Extrativistas nas áreas ocupadas por populações remanescentes dos antigos seringais.

As Resex surgem como mecanismo de regularização fundiária de áreas historicamente ocupadas por seringueiros e como instrumento de defesa dessas áreas contra madeireiros e pecuaristas. Um aspecto apresentado como fundamental na proposta era o fato de considerar a forma tradicional de ocupação da floresta, tendo como base as unidades de produção denominadas colocações. Essas colocações são formadas por estradas de seringa e definem uma unidade produtiva familiar em que são praticadas também a caça, a pesca, a agricultura de subsistência e a coleta de frutos. Cada unidade familiar, no entanto, não estava restrita, espacialmente, à área exclusiva de uma colocação. O território de uso de recursos poderia sobrepor-se ao de outras famílias vizinhas. Rígidos limites de uso e propriedade individuais não corresponderiam, portanto, à realidade dos seringais. Nas reservas extrativistas não poderia haver, então, a distribuição de lotes individuais (Nepstad e Schwartzman, 1992; Allegretti, 1994).

As Resex deveriam lançar os fundamentos de uma economia baseada no uso sustentável dos produtos da floresta, um modelo de uso dos recursos naturais que pudesse compatibilizar crescimento econômico, desenvolvimento social e preservação da floresta em pé (Arnt, 1994). De acordo com Allegretti (1994), a denominação reserva extrativista define um território, um espaço e uma forma de regularizar o acesso a ele, mas não um tipo exclusivo de economia. Estabelece, por outro lado, uma condicionalidade — a sustentabilidade, entendida como uso dos recursos segundo critérios de permanência, reprodução e temporalidade.

Não têm faltado críticas ao modelo de reservas extrativistas enquanto "paradigma de desenvolvimento agrícola adequado para a Amazônia". Para esses críticos, o extrativismo vegetal é uma frágil base para o desenvolvimento, que se justificaria pelo nível de pobreza dos seus habitantes e do mercado de mão-de-obra marginal. Essas críticas estão fundamentadas principalmente numa análise baseada em princípios econômicos, prevendo que a economia de mercado irá matar a economia extrativa (Homma, 1993). Anderson (1992) argumenta que as formas altamente extensivas de uso da terra que caracterizam as reservas extrativistas não são viáveis a longo prazo. As populações extrativistas necessitam de grandes áreas de terra, em virtude do esparsamento dos recursos não-madeireiros nas florestas. Por esse motivo, mesmo assegurando a conservação ambiental, o uso extensivo da terra não garante as necessidades econômicas básicas para as populações atuais e seus futuros descendentes. As populações das Resex deveriam, pois, combinar formas mais intensivas de uso da terra com as formas extensivas já praticadas.

O processo de formulação e implementação das reservas extrativistas tem revelado algumas contradições:

a) apesar de reconhecer formalmente a compatibilidade das práticas extrativas com os objetivos da conservação da floresta tropical na Amazônia, a legislação que regula a existência dessas unidades de conservação determina a fixação de planos de utilização, muito mais voltados para atender aos critérios de utilização de recursos naturais previstos na legislação brasileira do que nas práticas concretas das populações extrativistas e, muitas das vezes, em confronto com essas práticas;

b) a necessidade de se promover a melhoria do padrão geral de vida das populações extrativas reforça a idéia de que o movimento dos seringueiros focalizava muito mais a regularização fundiária do que a proteção de um modo de vida;

c) as tensões entre sistemas de propriedade estatal e de propriedade comum, criando muitas vezes uma situação de indefinição de responsabilidades e competências quanto à regulação permanente das formas de acesso e uso dos recursos naturais nestas unidades de conservação.

Essas contradições podem ser percebidas enquanto tensão entre ações que objetivam a permanência de determinadas relações sociais e ecológicas e o desejo de mudança que permeia um amplo leque de iniciativas propostas e aplicadas nas reservas extrativistas.

O processo de criação das reservas extrativistas pode ser apreendido como exemplo instrutivo das transformações ocorridas no campo das políticas públicas e da gestão ambiental no Brasil, encerrando diferentes crenças, idéias e valores, nem sempre compatíveis, e colocando em confronto o velho e o novo no campo das políticas ambientais. Na base do modelo das reservas extrativistas está o estímulo à criação de áreas protegidas. Nesse caso específico, porém, o conceito de unidades de conservação de uso direto, em que é permitida a exploração manejada dos recursos naturais (visão utilitarista), é estendido em termos de preservação não apenas de um espaço biofísico-químico, como também de um modo de vida ou de uma cultura, a dos seringueiros e demais populações extrativistas.

Claramente inspiradas nas estratégias conservacionistas, as reservas extrativistas, segundo Hall (1997), podem ser consideradas o caso mais notório de influência de uma organização não-governamental — no caso, o Instituto de Estudos Amazônicos (IEA), com sede em Curitiba — na formulação de políticas ambientais na Amazônia. A atuação dessa ONG se deu em várias frentes: no apoio ao Conselho Nacional dos Seringueiros; no desenvolvimento da noção de reservas extrativistas a partir do conceito das reservas indígenas; na elaboração de uma estratégia de ação para o movimento dos seringueiros e ao encabeçar o *lobby* junto ao governo federal para adotar o modelo das Resex como política pública.

6. CONCLUSÕES

De 1930 até os dias atuais, o processo de formulação e implementação de políticas ambientais no Brasil pode ser dividido em três momentos distintos. O primeiro momento, que vai até 1971, foi marcado pela ação de um Estado centralizador na definição de códigos regulatórios do uso dos recursos naturais e de um incipiente aparato institucional para tratar das questões relacionadas com a proteção à natureza. A partir de 1972, as políticas ambientais serão influenciadas, de um lado, pela consciência global de uma crescente crise ecológica e, de outro, por políticas estruturadoras, modernizantes e integradoras articuladas numa estratégia, no mais das vezes contraditória, de desenvolvimento econômico.

Em 1988, a promulgação de uma nova Constituição indicou alguns dos principais fundamentos do terceiro momento das políticas ambientais no país, que chega até os dias atuais. Os conceitos de desenvolvimento sustentável, manejo de recursos naturais e democratização e descentralização das decisões tornam-se influentes. Organismos internacionais, ONGs e corporações passam a integrar tanto a elaboração quanto a implementação de políticas ambientais. Políticas importantes no período refletem essa nova situação, como é o caso do Programa Piloto de Proteção das Florestas Tropicais (PPG7), financiado pela Comunidade Européia, e o do Zoneamento Econômico e Ecológico do Estado de Rondônia, financiado com recursos do Banco Mundial.

A análise de duas políticas ambientais recentes, uma de natureza predominantemente regulatória, como é a política nacional de recursos hídricos, e outra de caráter fundamentalmente estruturador, como é o processo de criação de reservas extrativistas, revelou como um novo conjunto de idéias e valores tem influenciado o processo de formulação de políticas ambientais no país. Noções de co-manejo ou de gestão participativa, baseadas numa estratégia conservacionista de proteção da natureza e numa visão instrumental/reformista dos mecanismos regulatórios do uso dos recursos naturais, passam a ser dominantes no setor.

Apesar das mudanças indicadas, é necessário ainda superar a maneira fragmentada ou setorizada de como são elaboradas e executadas as políticas ambientais no Brasil. Essa tarefa requer um esforço teórico-aplicado de integrar as políticas públicas voltadas para a exploração dos recursos naturais, regularização fundiária e proteção ambiental, inserido no contexto mais amplo de redefinição dos papéis do Estado (em suas esferas federal, estadual e municipal), das empresas e da sociedade civil na definição de políticas ambientais e de modelos participativos de gestão territorial e do meio ambiente.

A ecologia política, em suas múltiplas acepções, parece ser o referencial indicado para uma análise mais profunda das políticas ambientais e de sua integração com outras políticas públicas e com as transformações sociais necessárias ao país. Na base da ecologia política está a preocupação em relacionar os processos ecológicos ou biofísico-químicos, político-econômico-espaciais e socioculturais (Coelho, 2001).

A Geografia pode encontrar na ecologia política um campo de reflexão que a permite contribuir com: (1) a análise dos contextos políticos, sociais e econômicos que moldam as políticas ambientais; (2) as idéias que lhe dão sentido; (3) a investigação dos processos de tomada de decisão e (4) o exame da consistência e coerência dessas políticas e práticas ambientais.

7. Referências Bibliográficas

ALLEGRETTI, M. H. (1994). Reservas extrativistas: parâmetros para uma política de desenvolvimento sustentável na Amazônia. *In*: ARNT (ed.): O destino da floresta: reservas extrativistas e desenvolvimento sustentável na Amazônia. Editora Relume-Dumará, Rio de Janeiro; Instituto de Estudos Amazônicos e Ambientais: Fundação Konrad Adenauer, Curitiba.

ANDERSON, A. B. (1992). Land-use strategies for successful extractive economies in Amazonia. *In*: NEPSTAD e SCHWARTZMAN (eds.): Non-timber products from tropical forests: evaluation of a conservation and development strategy. Advances in Economic Botany, v. 9: 67-77.

ARNT, R. A. (1994). Seria mais fácil ladrilhar? *In*: ARNT (ed.): O destino da floresta: reservas extrativistas e desenvolvimento sustentável na Amazônia. Editora Relume-Dumará, Rio de Janeiro. Instituto de Estudos Amazônicos e Ambientais: Fundação Konrad Adenauer, Curitiba.

BARTHOLO Jr., R. S. & BURSZTYN, M. (1999). Amazônia sustentável: uma estratégia de desenvolvimento para Rondônia 2020. Edições IBAMA, Brasília.

BRASIL (1988) Constituição de 1988. Presidência da República, Brasília.

BROWN, M. & WYCKOFF-BAIRD, B. (1994). El diseño de proyectos integrados de conservación y desarrollo. Biodiversity Support Program: World Wildlife Fund, The Nature Conservancy e World Resources Institute.

BRUNDTLAND, G. (1987). *Nosso futuro comum.* Editora Fundação Getúlio Vargas, São Paulo.

BUNKER, S. (2001). Anotações do Seminário sobre Economia dos Recursos Naturais. NAEA/UFPA, Belém.

BYRON, N. (2001). Environmental certification and labelling. The Common Property Resource Digest, nº 56: 05-06.

CNPT/IBAMA. (1998). Plano de utilização da reserva extrativista do Médio Juruá — Carauari/AM. CNPT/IBAMA, Brasília.

CASTELLS, M. (1999). O "Verdejar" do ser: O movimento ambientalista. *O Poder da Identidade.* Paz e Terra, Rio de Janeiro, vol. II: 141-168.

CAUBET, C. G. & FRANK, B. (1993). *Manejo ambiental em bacia hidrográfica.* O caso do rio Benedito (Projeto Rio-Itajaí). Fundação Água Viva, Florianópolis, 51pp.

COELHO, M. C. N. (2000). Política e Gestão Ambiental (des)Integrada dos recursos minerais na Amazônia Oriental. *In*: COELHO *et al.* (orgs.) *Estado e políticas públicas na Amazônia. Gestão de recursos naturais.* CEJUP, Belém: 117-170.

COELHO, M. C. N. (2001). Impactos ambientais em áreas urbanas: teorias, conceitos e métodos de pesquisa. *In*: GUERRA e CUNHA (orgs.): Impactos ambientais urbanos no Brasil. Bertrand Brasil, Rio de Janeiro: 19-45.

COLEMAN, W. D. & PERL, A. (1999). Internationalized policy environments and policy network analysis. Political Studies, 47 (4): 691-709.

CUNHA, L. H. (2002). Manejo comunitário de recursos naturais na Amazônia: arranjos institucionais e mediação externa. Tese de Doutorado. Belém, NAEA/UFPA.

DEAN, W. (1996). *A ferro e fogo.* Companhia das Letras, São Paulo.

DRUMMOND, J. A. (2001). Conceitos básicos para a análise de situações de conflito em torno de recursos naturais. *In*: *A difícil sustentabilidade.* Política energética e conflitos ambientais. Rio de Janeiro, Garamond.

DUARTE, F. P. (2001). "Save the Earth" or "Manage the Earth"? The politics of environmental globality in high modernity. Current Sociology, 49 (1): 91-111.

EGESTAD, P. (2001). Certification in fisheries and forestry: distrusting people while trusting numbers. The Common Property Resource Digest, nº 56: 3-5.

FEENY, D., BERKES, F., MCCAY, B. & ACHESON, J. M. (1990). The tragedy of the commons: twenty-two years later. Human Ecology, v. 18 (1): 1-19.

GIBSON, C. C. & KOONTZ, T. (1998). When "community" is not enough: institutions and values in community-based forest management in Southern Indiana. Human Ecology, v. 26, nº 4: 621-647.

GIDDENS, A. (1991). *As conseqüências da modernidade*. Editora da UNESP, São Paulo.

GOHN, M. G. (1997). Os sem-terra, ONGs e cidadania. Editora Cortez, São Paulo.

HALL, A. (2000). Environment and development in Brazilian amazonia: from protectionism to productive conservation. *In*: HALL (ed.): Amazonia at the crossroads: the challenge of sustainable development. Institute of Latin American Studies, University of London, Londres.

HALL, A. (1997). O papel das ONGs na resolução de conflitos para o desenvolvimento sustentável. *In*: BECKER e MIRANDA (orgs.): A geografia política do desenvolvimento sustentável. Editora da UFRJ, Rio de Janeiro.

HARDIN, G. (1980; 1968). The tragedy of the commons. *In*: DALY (ed.): Econ. Ecol. Ethics. W. H. Freeman, SF.

HARVEY, D. (1996). *Justice, nature and the geography of difference*. Blackwell, Oxford.

HOMMA, A. K. O. (1993). Extrativismo vegetal na Amazônia: limites e oportunidades. Embrapa/SPI, Brasília.

HUNTER, W. & BROWN, D. S. (2000). World Bank directives, domestic interests, and the politics of human capital investment in Latin America. Comparative Political Studies, 33 (1): 113-143.

JOHNSON, N. & CABARLE, B. (1993). Surviving the cut: natural forest management in the humid tropics. World Resources Institute.

KAISER, W. (1999). Conflicting interests in nature conservation: the Brazilian example of Araguaia National Park/Ilha do Bananal (Tocantins). Applied Geography and Development, v. 53: 86-98.

KANT, S. (2001). Forest certification: a marketing tool. The Common Property Resource Digest, nº 56: 8-9.

LEIS, H. (1996). *O Labirinto*: Ensaios sobre Ambientalismo e Globalização. FURB/GAIA, São Paulo.

LEFEBVRE, H. (1974). *La Production de l'espace*. Anthropos, Paris.

LUCHINI, A de M. Os desafios à implementação do sistema da gestão dos recursos hídricos estabelecidos pela Lei 9.433/97. *In*: Rio de Janeiro, *RAP*, 34(1): 123-144.

McCORMICK, J. (1964). Rumo ao paraíso: a história do movimento ambientalista. Editora Relume-Dumará, Rio de Janeiro.

McGRATH, D. G. (2000). Avoiding a tragedy of the commons: recent developments in the management of Amazonian fisheries. *In*: HALL (ed.): Amazonia at the crossroads: the challenge of sustainable development. Institute of Latin American Studies, University of London, Londres.

MIGLIARI JÚNIOR, A. (2001). *Crimes Ambientais, Lei 9.605/98*. Interlex Informações Jurídicas, Campinas, 404pp.

MITRAUD, S. (2001). Promoting conservation and development through social capital: a new name for an old framework. Mimeo, Comparative Research Workshop, Yale University.

NEPSTAD, D. C. & SCHWARTZMAN, S. (1992). Non-timber products from tropical forests: evaluation of a conservation and development strategy. Advances in Economic Botany, v. 9.

NEPSTAD, D. C., BROWN, F., LUZ, L., ALECHANDRA, A. & VIANA, V. (1992). Biotic impoverishment of Amazonian forests by rubber tappers, loggers, and cattle ranchers. *In*: NEPSTAD e SCHWARTZMAN (eds.): Non-timber products from tropical forests: evaluation of a conservation and development strategy. Advances in Economic Botany, v. 9: 1-14.

OSTROM, E. (1990). Governing the commons: the evolution of institutions for collective action. Cambridge University Press, Cambridge, 280pp.

PÁDUA, J. A. (1998). "Cultura esgotadora": agricultura e destruição ambiental nas últimas décadas do Brasil Império. Estudos Agricultura e Sociedade, 11(outubro): 134-163.

PÁDUA, J. A. (1999). "Aniquilando as naturais produções": crítica iluminista, crise colonial e as origens do ambientalismo político no Brasil (1786-1810). DADOS — Revista de Ciências Sociais, 42 (3): 497-538.

PIRES DO RIO, G. & PEIXOTO, M. N. de O. (2001). Superfícies de regulação e conflitos de atribuições na gestão de recursos hídricos. *In*: *Revista Território*, nº 10, jan./jun., pp. 51-65.

PORTER, G. e BROWN, J. W. (1996). Global environmental politics. Westview Press, Colorado, 2ª Edição, 238p.

SANTOS, M. (1979). *Espaço e sociedade*. Vozes, Petrópolis.

SANTOS, M. & SILVEIRA, M. L. (2001). *O Brasil*, território e sociedade no início do século XXI. Editora Record, Rio de Janeiro.

SATERSON, K. A. (1994). Prólogo. *In*: BROWN & WYCKOFF-BAIRD: "El diseño de proyectos integrados de conservación y desarrollo". Biodiversity Support Program: World Wildlife Fund, The Nature Conservancy e World Resources Institute.

TERBORGH, J. (1999). Requiem for nature. Island Press, Shearwater Books, Washington, D.C.

CAPÍTULO 3

SUSTENTABILIDADE E EDUCAÇÃO AMBIENTAL

Mauro Guimarães

1. *Introdução*

Este capítulo pretende delinear um breve percurso entre as discussões sobre o modelo de desenvolvimento da sociedade contemporânea e os paradigmas que o consolidam; paradigmas aqui entendidos como "estruturas de pensamento que, de modo inconsciente, comandam nosso discurso" (Morin, 1997). Pretende, também, refletir sobre a sustentabilidade nas diferentes propostas apresentadas como forma de desvelar campos de disputa em torno de proposições que fundamentam a Educação Ambiental. Essas reflexões são partes de uma discussão teórica mais ampla que abarca a compreensão que vem sendo construída sobre Educação Ambiental. Conforme anuncia Carvalho (2000, p. 58): "O horizonte histórico-cultural deste debate está irremediavelmente atravessado por uma multiplicidade de interesses e projetos sociais que vão disputar diferentes interpretações sobre o ambiental."

Tal objetivo reflete uma preocupação de estabelecer essas categorias e noções como campo de reflexão de educadores ambientais, entendidos como interlocutores do conhecimento científico e produtores de conhecimento, a fim de que subsidiem práticas críticas sobre discursos hegemônicos. Essa postura delimita uma Educação Ambiental de caráter crítico como forma de se contrapor a um movimento de hegemonização (campo de disputa) que busca consolidar uma concepção conservadora de Educação

Ambiental. A esse respeito poderão ser consultadas as obras de Gadotti (2000), Guimarães (2000a; b), Loureiro *et al.* (2000), entre outras.

"Um projeto conservador de Educação (Ambiental), baseado em uma visão liberal de mundo, acredita que a transformação da sociedade é conseqüência da transformação de cada indivíduo. Dessa forma, a Educação, por si só, é capaz de resolver todos os problemas da sociedade, bastando ensinar o que é certo para cada um, tornando-a assim uma Educação teórica, transmissora de informações. Nessa concepção, as relações sociais são secundarizadas no trabalho pedagógico, enfocando o indivíduo. (...) Em uma concepção crítica de Educação (Ambiental), acredita-se que a transformação da sociedade é causa e conseqüência (relação dialética) da transformação de cada indivíduo, havendo reciprocidade dos processos no qual propicia a transformação de ambos. Nessa visão, educando e educador são agentes sociais que atuam no processo de transformações sociais; portanto, o ensino é teoria/prática, é práxis. Ensino que se abre para a comunidade com seus problemas sociais e ambientais, sendo estes conteúdos do trabalho pedagógico. Aqui, a compreensão e atuação sobre as relações de poder que permeiam a sociedade são priorizadas, significando uma Educação Política" (Guimarães, 2000b, pp. 16/17).

Essa Educação Ambiental que se está procurando balizar é crítica aos paradigmas cientificistas que informam a sociedade moderna urbano-industrial, ao seu modelo de desenvolvimento que se concretiza em sua proposta de uma modernização que é conservadora, porque mantém o *status quo* (situação atual), e que procura, de acordo com sua racionalidade, direcionar uma compreensão sobre desenvolvimento sustentável. Esse fato caracteriza a noção de sustentabilidade como um campo de disputa. O caráter crítico buscado pretende deixar em evidência as relações de poder e dominação que engendram as sociedades contemporâneas. "É dentro deste terreno movediço e altamente complexo que o(a) educador(a) ambiental vai inscrever o sentido de sua ação, posicionando-se como educador(a) e como cidadão(ã). Daí o caráter não estritamente pedagógico, mas político de sua intervenção" (Carvalho, 2000, p. 59).

As críticas aos paradigmas cientificistas resultam no entendimento de que tais referências constituintes do atual padrão societário geram uma dicotomia que hierarquiza as relações dos seres humanos em sociedade e entre sociedade e natureza, propiciando as relações de dominação que estruturam essa realidade. A fragmentação e simplificação que reduzem a compreensão da realidade, características essas do paradigma cientificista que se consolidou a partir da Idade Moderna, vêm sendo analisadas por vários autores como um dos pilares da crise ambiental da atualidade, por não dar conta da sociedade e do meio ambiente, e em sua relação, como uma realidade complexa.

Segundo Loureiro (2000, p. 24): "As causas da degradação ambiental e da crise na relação sociedade/natureza não emergem apenas de fatores conjunturais ou do instinto perverso da humanidade, e as conseqüências de tal degradação não são conseqüência apenas do uso indevido dos recursos naturais; são, sim, de um conjunto de variáveis interconexas, derivadas das categorias: capitalismo / modernidade / industrialismo / urbanização / tecnocracia. Logo, a desejada sociedade sustentável supõe a crítica às relações sociais e de produção, tanto quanto ao valor conferido à dimensão da natureza." Desse modo, a Educação Ambiental crítica volta-se para uma práxis de transformação da sociedade em busca de uma sustentabilidade calcada em novos paradigmas. Portanto, a não-compreensão crítica sobre as noções/categorias em construção e suas disputas — entre elas, a de sustentabilidade, a do processo de modernização, que se consubstanciam pelos paradigmas e modelos que estruturam e são estruturados pela sociedade moderna urbano-industrial — podem provocar ações pouco críticas desses educadores, revestidas de ingenuidade.

A ausência de crítica a um discurso e uma racionalidade fragmentária que desagrega e rompe laços, traduzida por uma visão de mundo cientificista, antropocentrista, individualista, consumista, entre outros, podem vir a comprometer o exercício pleno de uma cidadania ativa de educadores e educandos, característica essa que funda e dá fundamentação a uma Educação Ambiental crítica.

2. *Críticas ao Atual Modelo de Desenvolvimento*

Desde que as questões ambientais vêm ganhando peso nas preocupações mundiais, as relações entre o modelo de desenvolvimento, o que constituiu a sociedade urbano-industrial contemporânea e o meio ambiente, vêm sendo profundamente questionadas.

As idéias associadas a esse modelo de desenvolvimento são a da modernização e progresso, que crêem e professam um caminho evolutivo a seguir, tendo como referencial de sociedade "desenvolvida" aquelas que estão no centro do sistema capitalista, modelo hoje hegemônico em toda a parte do mundo com o fim da bipolaridade, ou seja, o grupo daqueles países ditos do norte.

Compreendemos a modernização como um processo de mudanças na qual determinada sociedade supera ("progresso") ou, melhor, sobrepõe estruturas tradicionais, criando novas formas de produção em que a urbanização e a industrialização e o desenvolvimento tecnológico, dos sistemas de comunicações de massa e transportes são alguns dos fenômenos característicos desse processo. Essas mudanças, constituídas nos diferentes espaços urbano e rural, direcionam-se para a formação das sociedades modernas, mercadologizadas tanto em escala regional, quanto em escalas nacional e global, impulsionadas por um modelo desenvolvimentista, com características inerentes de degradação ambiental. O modelo em questão prima pelos interesses privados (econômicos) frente aos bens coletivos (meio ambiente), consubstanciando-se em uma visão antropocêntrica de mundo, gerador de fortes impactos socioambientais.

Para Giddens (2000, p. 73), a sociedade moderna ou civilização industrial "está associada: a) a um conjunto de atitudes perante o mundo, como a idéia de que o mundo é passível de transformação pela intervenção humana; b) a um complexo de instituições econômicas, em especial a produção industrial e a economia de mercado; c) a toda uma gama de instituições políticas, como o Estado nacional e a democracia de massa".

Vários autores, de longa data, vêm apontando para a falácia do progresso induzido por esse modelo de desenvolvimento. Primeiramente em relação às questões sociais, já que para a manutenção de sua lógica inerente de acumulação e concentração crescente de capitais produz uma, também crescente, desigualdade social, tanto em nível nacional quanto mundial. Portanto, esse desenvolvimento é produtor de subdesenvolvimento.

"Todos os progressos da civilização ou, em outras palavras, todo o aumento das forças produtivas sociais, se se quiser, das forças produtivas do próprio trabalho — consideradas como resultado da ciência, das invenções, da divisão e da combinação do trabalho, da criação do mercado mundial, das máquinas etc. —, não enriquecem o trabalhador, mas o capital; não fazem, portanto, por sua vez, senão aumentar o poder que exerce sua dominação sobre o trabalho e aumentam somente a força produtiva do capital. Como o capital é o oposto do trabalhador, tais progressos aumentam unicamente o poder objetivo que reina sobre o trabalho" (Karl Marx, *in* Bensaid, 1999, p. 449).

No aspecto cultural, a sociedade de consumo, representante e representada por esse modelo de desenvolvimento, vem sendo criticada pelo processo de massificação cultural. É um processo hegemonizado por uma deificação (endeusamento) de uma cultura dita moderna, que tem sua gênese situada nos países do norte. Essa massificação de uma cultura dominante, símbolo do desenvolvimento, vem acompanhada de um empobrecimento da diversidade cultural, como bem denuncia Layrargues (1998, p. 127) em: "... partindo de um modelo de sociedade rudimentar culminando nos modelos norte-americano e europeu, considerados únicos e universais; tal qual um mecanismo evolutivo simplista. Por essa hipótese, as diferenças culturais existentes entre os países seriam apenas uma conseqüência dos retardamentos em relação à modernização, entendida como sinônimo de evolução, e não às diferentes formas de se apropriar e interagir com o ambiente. Este é o golpe fatal que se desfere na diversidade cultural do planeta. A verdadeira cultura seria representada pela civilização ocidental industrializada de consumo, e as outras, tratadas como entrave ao desenvolvimento, deveriam ser sumariamente eliminadas."

Outra questão que poderia ser levantada é sobre os valores induzidos pela sociedade de consumo e a visão de mundo que a conforma. Nessa perspectiva, dissemina-se no imaginário social a representação de qualidade de vida atrelada à idéia de capacidade de consumo do indivíduo, significativa discussão em Erick Fromm (1976), do *ter* se sobrepondo ao *ser*. Uma visão de mundo assim alicerçada remete a um comprometimento individual com a lógica de acumulação, que se viabiliza por essa sociedade e que, para se desenvolver, explora os recursos naturais, exaurindo-os e degradando-os. Perpetua-se assim o binômio produção-consumo (crescente) que estrutura a sociedade contemporânea em sua relação de exploração ao meio ambiente, tornando essa relação necessária para a manutenção da boa qualidade de vida projetada.

Zacarias (2000, p. 40), refletindo em conjunto com Marcuse (1969), "entende que as necessidades criadas pelo sistema e incorporadas pelo indivíduo exercem controle sobre ele, resultando numa total mimese: "uma identificação imediata do indivíduo com sua sociedade e, por meio dela, com a sociedade em seu todo" (p. 31). Afirma que a sociedade industrial de consumo tem a capacidade de aumentar e disseminar comodidades, transformar resíduo em necessidade, destruição em construção. Assim, os indivíduos passam a se reconhecer em suas mercadorias, a encontrar alma em seu automóvel e nos objetos que o cercam".

Englobam-se hoje a essas críticas as que incorporam as questões ambientais de forma mais contundente. Tais críticas consubstanciam-se em premissas de que vivenciamos, na atualidade, uma crise ambiental em diferentes escalas e que os "problemas ecológicos e ambientais revelam disfunções que são próprias de um determinado estilo de desenvolvimento; problemas de um desenvolvimento desigual para as sociedades humanas e nocivos para os sistemas naturais" (Guimarães, 1997, p. 17). Essas críticas podem ser vistas também em Bensaid (1999, p. 439): "A produção baseada no capital cria, ao mesmo tempo, a indústria universal e um sistema de exploração universal das propriedades naturais e humanas. Nada mais parece ter um valor superior em si, ou ser justificado por si, fora desse círculo da produção e das trocas sociais."

Já há hoje um número significativo de autores que trabalham seus questionamentos sobre este modelo de desenvolvimento, a partir da perspectiva de sua insustentabilidade ambiental. Por exemplo, para Lima (1997), refletindo em conjunto com Lago e Pádua (1989), "um dos focos privilegiados da crítica ao modelo de desenvolvimento econômico dominante é a contradição existente em uma proposta de desenvolvimento ilimitado a partir de uma base de recursos finita. Essa contradição básica tem sido analisada de diversas perspectivas, todas elas evidenciando a insustentabilidade da proposta a longo prazo. A disponibilidade limitada de matérias-primas, a velocidade de reprodução dos recursos renováveis e a capacidade de absorver os detritos do sistema industrial são insuficientes para acompanhar, por um longo tempo, o ritmo de crescimento acelerado. Mais cedo ou mais tarde, tal situação conduziria a um colapso ecológico". Para Leis (1999, p. 206), "... das piores heranças que o século XX recebeu do passado é a noção de que o progresso humano baseia-se na superação de todo e qualquer obstáculo através das forças do trabalho e da tecnologia, o que supõe sempre uma liberdade conquistada à custa da degradação do meio ambiente".

Para alguns autores, essa insustentabilidade dos dias atuais vem produzindo uma Sociedade de Risco, em que "... os antigos 'limites' à ação social estão hoje saturados das conseqüências dessa ação. No fundo dos oceanos e nas camadas superiores da atmosfera continuam se acumulando as conseqüências ambientais da moderna sociedade industrial. (...), o ser humano vive em ambientes criados por nós mesmos; ambientes que já não representam limites ao que podemos fazer, mas que estão cada vez mais impregnados do que fazemos. Enquanto as sociedades pré-modernas enfrentavam a ameaça dos riscos naturais, a sociedade moderna enfrenta a ameaça dos riscos fabricados — riscos para a vida das pessoas e do planeta, riscos decorrentes de nosso modo de vida atual" (O'Brien, *in*: Giddens e Pierson, 2000, p. 21).

No entanto, ter em nossos dias atuais um certo reconhecimento consensual sobre a gravidade da crise ambiental e da insustentabilidade ambiental dos padrões deste desenvolvimento não significa que não haja um campo de disputa na construção da noção de sustentabilidade. Para entrar na análise deste campo de disputa, acreditamos ser importante a reflexão acerca dos paradigmas que consolidaram a atual sociedade capitalista — urbana, financeira, industrial, globalizada — e seu projeto de mundo baseado em um modelo desenvolvimentista.

2.1. Paradigmas do Desenvolvimento Atual

A Ciência moderna herdada de Galileu, Bacon, Descartes, Newton e outros seguidores, que informou e foi informada pela nossa sociedade contemporânea, tem importante relação para a compreensão construída sobre o desenvolvimento e todo o seu peso simbólico na atualidade. Vale ressaltar que se considera hoje, de forma generalizada, que um fato para ser considerado fidedigno, ou seja, que o conhecimento sobre uma realidade seja verdadeiro, é preciso ter a chancela do conhecimento produzido cientificamente.

A Ciência moderna criou um instrumental teórico-metodológico de produção de conhecimento que fragmenta a realidade decompondo-a em campos de estudo representando partes de uma totalidade. Há uma tendência ao isolacionismo dessas partes, até mesmo pelo aprofundamento extremo do conhecimento produzido, afastando-se da interligação entre as partes e a visão do todo; "um todo organizado produz qualidades e propriedades que não existem nas partes tomadas isoladamente" (Morin, 1997, p. 17). "Nada existe fora da relação. Tudo se relaciona com tudo em todos os pontos" (Boff, 2000, p. 15).

Para Foladori (1999, p. 102): "Com a Idade Moderna, em torno dos séculos XVII e XVIII, e como resultado do avanço das ciências e sua divulgação... a natureza começa a ser concebida como uma soma mecânica de partes, possível de ser reordenada e explorada de forma crescente. A natureza se dessacraliza e a idéia de progresso substitui as antigas concepções cíclicas."

O isolacionismo também se manifesta pelo aspecto científico de "neutralizar" as influências externas, para que haja um "controle" preciso das medições e dos experimentos realizados na produção do conhecimento, bem ao feitio positivista que sustentou teoricamente a Ciência moderna.

Como vêm trabalhando Boff, Capra, Maturana, Morin, Prigogine, Sachs, entre muitos outros, esses aspectos importam a compreensão da visão de mundo hegemônica da presente sociedade, refletindo na separação sociedade x natureza, na postura antropocêntrica e individualista de dominação do homem sobre a natureza.

"A história do mundo e do pensamento ocidental foi comandada por um paradigma de disjunção, de separação. Separou-se o espírito da matéria, a filosofia da ciência; separou-se o conhecimento particular que vem da literatura e da música do conhecimento que vem da pesquisa científica. Separam-se as disciplinas, as ciências, as técnicas. Separou-se o sujeito do conhecimento do objeto do conhecimento. Assim, vivemos num mundo em que é cada vez mais difícil estabelecer ligações, ..." (Morin, 1997, p. 21).

Um outro aspecto inclusivo desse paradigma cientificista é a simplificação da realidade. Isso se dá pela proposição de se explicar essa realidade a partir de uma causalidade linear mecanicista, ou seja, quando se busca estabelecer relações entre as partes, fatos, fenômenos da realidade, pelo desenvolvimento de uma sucessão linear de eventos imediatos de causa e efeito progressivos que permitem uma determinação do que irá acontecer.

São marcos da pretensão deste paradigma a previsão, o controle e a ordenação da realidade. Como afirma Bensaid (1999, p. 403): "Todo pensamento científico inclui a causalidade em seus modos de explicação. A física clássica concede-lhe, entretanto, um sentido restritivo: pensamento científico e causalidade determinista tornam-se sinônimos. Os acontecimentos naturais são rigorosa e completamente determinados. Todo fenômeno é resultado necessário de uma causa conservada no efeito. Tudo é previsível, pelo menos em teoria. Na ausência de atrito, o passado determina perfeitamente o presente."

É esse paradigma que dá suporte à compreensão construída sobre desenvolvimento em nossa sociedade contemporânea. A razão instrumental decorrente dessa visão de mundo concebeu esse desenvolvimento refletindo, e, como reflexo das relações de dominação entre indivíduos humanos, entre classes sociais e entre Ser Humano-Natureza, calcado naquelas concepções isolacionistas, particularizadas e parcializadas, que justificam a separação ser humano-sociedade-natureza baseada em posturas antropocêntricas. Essa racionalidade também justifica as desigualdades sociais aos níveis nacional e internacional, sustentados por posturas individualistas e competitivas que têm como base teórica o Liberalismo, que privilegia o particular sobre o coletivo, a parte sobre o todo. Aqui fica explícito o caráter exploratório tanto nas relações sociais quanto destas com a natureza, o que torna este caráter exploratório presente na noção desenvolvimentista.

Da mesma forma, está presente nesse conceito de desenvolvimento a compreensão mecanicista de uma realidade constituída pela causalidade linear (causa tem um efeito imediato e vice-versa), que informa e é informada por uma racionalidade que instrumentaliza o controle (dominação) de uma realidade, até então social e não socioambiental como agora se propõe. Aqui se apresenta a idéia de referencial único a seguir (modelo), em que o desenvolvimento como efeito é causado a partir da realização do modelo visto como padrão civilizatório real (real no sentido de verdade validada pelo cientificismo).

Para essa racionalidade, a concepção de consenso é central na manutenção dessa ordem e progresso. Toda divergência, conflito, embate são tidos como perturbadores da ordem, sendo considerados, assim, proposições caçadas, como, por exemplo, o Marxismo, a Psicanálise e agora segmentos da crítica ecológica.

"Nesse horizonte, a força da crítica emancipatória que opõe radicalmente o ideário ecológico ao *status quo* tende a ser amenizada, ao mesmo tempo em que as diferenças de concepção e as disputas concretas pelo meio ambiente são secundarizadas, num processo de esvaziamento da arena política enquanto campo de contradições e conflitos sociais" (Carvalho, 2000, p. 62).

Portanto, a concepção desenvolvimentista, calcada nos paradigmas cientificistas, desse modelo de sociedade moderna — capitalista, urbana, financeira, industrial, globalizada — cada vez mais complexo, contrariando sua própria análise simplista de realidade, porém extremamente funcional a seus propósitos, vem impregnada de uma inculcação ideológica que serve e está a serviço de um movimento de conservação da ordem, embutido em uma racionalidade pouco afeita a mudanças que saiam de seu controle.

2.2. O Campo de Disputa da Sustentabilidade

A gravidade da crise ambiental colocou obrigatoriamente, pelo menos nos últimos trinta anos, essas questões nas mesas de negociações internacionais. "A década de 1970 figura como um marco de emergência de questionamentos e manifestações ecológicas, em nível mundial, que defendem a inclusão dos problemas ambientais na agenda do desenvolvimento das nações e das relações internacionais como um todo. Tais preocupações refletem a percepção de um conflito crescente entre a expansão do modelo de crescimento econômico, de base industrial, e o volume de efeitos desagregadores sobre os ecossistemas naturais. O conjunto de impactos ambientais, até então percebidos como resíduos inofensivos do progresso e da expansão capitalista, passa a assumir uma nova dimensão, e a despertar atenção, interesse e novas leituras" (Lima, 1997, p. 4).

Por não ter como velar essas questões ambientais tão explícitas, há um esforço do discurso dominante em se apropriar do significado de sustentabilidade para trazê-lo adequadamente à sua compreensão de desenvolvimento, afeito à lógica instrumental da sociedade moderna — capitalista, urbana, financeira, industrial, globalizada. Essa proposta de desenvolvimento sustentável, de caráter reformista, reconhece o problema, mas propõe soluções seguindo a mesma lógica vigente. Sobre isso comenta

Zacarias (2000, p. 18): "A pensadora indiana Vandana Shiva (1991) diz que a ideologia do desenvolvimento sustentável vem sendo constituída dentro dos limites da economia de mercado, oferecendo, portanto, soluções de mercado à crise ecológica. Para ela, essa falsa noção se baseia em três erros ontológicos: o primeiro é a primazia ontológica do capital; o segundo é a separação ontológica entre a produção e a conservação, tornando esta última dependente do capital; e o terceiro erro é dar por sustentada a substituição da natureza pelo capital."

O discurso dominante procura ainda consolidar um consenso em torno da sua noção de sustentabilidade como forma de preservação da ordem estabelecida. "No tocante ao conceito de desenvolvimento sustentável veiculado pelo Relatório Bruntland, Carvalho (1991), embora reconheça sua maior elaboração, observa seus limites dentro de uma concepção liberal, que evita os conflitos e que, em última instância, busca garantir a manutenção da ordem estabelecida, ou seja, embora apresente um novo conceito de desenvolvimento, construído a partir da crítica do modelo em esgotamento, não altera, fundamentalmente, o sentido da dominação na ordem internacional. Esse mesmo conceito de desenvolvimento sustentável tem sido alvo de críticas diversas, devido às suas ambigüidades, indefinições e contradições, à ênfase economicista e desenvolvimentista, à ausência de uma perspectiva espacial e de classes sociais em seu interior, à não-explicitação de como conciliar preservação e crescimento no contexto do capitalismo e à possibilidade de ser apenas uma nova cara para uma fórmula velha e já esgotada" (Lima, 1999).

Layrargues (1998), ao analisar esse campo de disputa em interlocução com outros autores, aponta nos documentos oficiais, representativo do discurso hegemônico, o esforço de construir um olhar consensual na sociedade para os problemas ambientais. "Esta é a premissa básica da Comissão Bruntland: independentemente do que ocorreu no passado que tenha originado a atual crise ambiental, independentemente da existência de atores sociais implicados na responsabilidade da degradação ambiental, a busca de soluções seria uma tarefa comum a toda a humanidade. Verifica-se aqui uma nova tentativa de generalizar os fatos, omitir um contexto histórico e criar assim o "homem abstrato"... a fala sobre meio ambiente passa a ser automaticamente aceita pelo público, pois o que estaria em jogo é a sobrevivência da humanidade e do planeta..." (Layrargues, 1998, p. 144).

Esse mesmo autor, em suas críticas sobre o discurso que vem sendo elaborado sobre desenvolvimento sustentável, conclui: "Enfim, no campo de disputa entre quais modelos seriam os representativos da humanidade, percebe-se em última análise que, enquanto o desenvolvimento sustentável continuar sendo considerado como a tábua de salvação da humanidade, permanecerão latentes as possibilidades de reais mudanças nas relações entre sociedade e natureza. Ainda mais quando se observam, no campo discursivo, as tendências manipuladoras que camuflam os verdadeiros interesses em questão..." (Layrargues, 1998, p. 162).

Contrapondo-se a esse movimento de hegemonização da noção de sustentabilidade, dirigida pela racionalidade instrumental que informa os segmentos dominantes da sociedade contemporânea, tem havido esforços paralelos de crítica a esse movimento e de construção de uma outra noção de sustentabilidade, caracterizando um embate. Para Foladori (1999, p. 94), "... a análise da relação entre a espécie humana e seu meio ambiente não pode compreender-se pressupondo a sociedade humana como uma unidade que se relaciona com seu entorno. Pelo contrário, é necessário partir de uma sociedade humana diferenciada, conflitiva, que interage com seu entorno, a partir de classes sociais e grupos em aliança e em oposição, com possibilidades e interesses diferentes e muitas vezes congruentes".

Nas décadas de 70 e 80, Ignacy Sachs desponta como um nome que traz importantes contribuições com seus trabalhos sobre ecodesenvolvimento. Suas críticas apontam para, entre outras coisas, que a degradação ambiental decorrente da pobreza tem sua correlação com a riqueza da sociedade contemporânea, causada por um desenvolvimentismo produtor de desigualdades socioambientais. "À conexão cíclica dos fenômenos da pobreza e da degradação ambiental, que evidenciam as desvantagens de um crescimento apoiado na desigualdade social. Assim, se os pobres são compelidos a destruir, no curto prazo, os recursos dos quais dependem para subsistir no longo prazo, os ricos tendem a desperdiçar recursos, através de um consumo ostentatório, que em geral afeta desfavoravelmente os mais pobres" (Sachs, 1996, *in*: Lima, 1997, p. 7).

Para que o ecodesenvolvimento se realize, Sachs aponta, em diversas de suas obras, para a constituição de três pilares dessa nova proposta: a eficiência econômica, a justiça social e a prudência ecológica, pilares que certamente não estão presentes no atual modelo de desenvolvimento. Sobre a lógica desse modelo, Sachs (1996, p. 376) denuncia que "pode reafirmar sua fé cega no poder da ciência e da tecnologia para encontrar a tempo as soluções aos problemas criados por seu progresso. Isso significa que continua no seu curso atual, no qual a ferramenta dirige a mão. Como o *cientificismo* é fundamentalmente otimista, tende a minimizar o risco de estar se dirigindo até a catástrofe social ou ecológica. Ou também pode lutar para tomar o controle da ferramenta, tomar as rédeas da ciência e da tecnologia e dirigi-las até o desenvolvimento social, subordinando a três critérios: igualdade social, prudência ecológica e eficiência econômica".

Um outro autor que traz uma interessante crítica é Guillermo Foladori (1999) em seu trabalho "Os limites do desenvolvimento sustentável". Foladori sustenta que a maioria das análises e propostas que tratam da problemática ambiental pode ser reduzida a: depredação dos recursos naturais; poluição por causa dos resíduos; população excedente/pobreza. Esse reducionismo predominante justifica-se não só por todo o referencial paradigmático de análise, como também, ao ser assim, a problemática não se situa plenamente incorporada ao ciclo do capital. Essas "... três grandes problemáticas podem ser compreendidas sob um denominador comum: os limites físicos externos com os quais a sociedade humana se depara" (p. 93); "quaisquer destes três aspectos estão fora do processo econômico propriamente dito" (p. 96). O problema dessa forma de apresentar a questão é que as relações no interior do processo produtivo, na sua forma social de produção, não são discutidas, mas somente os seus efeitos, o que pode permitir de se pensar em soluções pela via tecnicista sem alterar a forma social de produção, posicionamento apropriado à conservação do modelo vigente.

Para pensarmos na sustentabilidade, colocamo-nos filiados a essa vertente, que procura criticar a noção que vem sendo amalgamada de desenvolvimento sustentável e seu caráter desenvolvimentista. Criticamos essa noção de desenvolvimento sustentável em construção, porque se fundamenta nos paradigmas que consolidaram esse modelo desenvolvimentista de sociedade que produziu a atual crise ambiental. Modelo esse que se pretende perpetuar.

"Como solução para os problemas ambientais atuais surgem propostas de desenvolvimento sustentável defendidas pelos segmentos dominantes da sociedade, seguindo essas novas concepções em formulação. Mas ao serem defendidas propostas partindo da lógica do modelo na qual os problemas se estruturaram encontram-se soluções pontuais e parciais. Quando os problemas não conseguem se resolver mais pela lógica do modelo, quando por essa lógica as soluções são sempre insuficientes, demonstra-se a crise desse modelo civilizatório. Para tanto, é necessário desmontar essa lógica para a construção de novos paradigmas em um novo modelo de sociedade" (Guimarães, 2000a, p. 26).

3. Sustentabilidade para Além dos Paradigmas Desenvolvimentistas

Em texto recente, Sachs (2000), apesar de sua importância para se pensar na sustentabilidade para além dos paradigmas desenvolvimentistas, adota uma postura conciliatória, não radical, que acreditamos predispô-lo a algumas possíveis contradições. Essa postura pode estar refletida até mesmo na indiferença, de sua parte, em utilizar a categoria ecodesenvolvimento, anteriormente emblematizada por suas reflexões críticas, como sinônimo de desenvolvimento sustentável, como pode ser visto nesta citação: "Quer seja denominado ecodesenvolvimento ou desenvolvimento sustentável, a abordagem fundamentada na harmonização de objetivos sociais, ambientais e econômicos não se alterou desde o encontro de Estocolmo até as conferências do Rio de Janeiro, e acredito que ainda é valida" (Sachs, 2000, p. 54).

Apesar de reconhecer o mercado, ou seja, a lógica do capital que fundamenta a nossa sociedade, como incompatível com a idéia de sustentabilidade (Sachs, 2000, p. 55), e ser um contundente crítico do neoliberalismo e do mito do *laissez-faire* (mercado livre), Sachs parece caminhar para uma proposta conciliatória de um *Welfare State* (Estado do Bem-Estar Social) ecologizado, em que o Estado teria a função de domesticar (subsídios) o mercado para atender a necessidades não-econômicas (Sachs, 2000, p. 56). Tal situação, de certa forma experimentada por alguns países europeus, mostra-se onerosa e perpetuadora das desigualdades Norte-Sul, por ser viável para alguns, até certo ponto, pela concentração da riqueza no Norte, além do que essa situação não tem alterado significativamente os valores e atitudes, individuais e coletivos, das sociedades que a vivenciaram. Quando, mais adiante, no texto, ele trata da separação Norte-Sul, demonstra uma visão parcializada e uma crença, até mesmo ingênua, na independência dos processos políticos e socioeconômicos do Sul em relação ao Norte; como neste trecho: "O Sul poderia ter evitado alguns dos problemas que estamos atravessando no Norte se tivesse pulado etapas em direção à economia de recursos, orientada para os serviços e menos intensamente materializada, em prol do meio ambiente e da elevação do padrão de pobreza" (Sachs, 2000, p. 58).

No final de seu texto, quando busca refletir para além da economia ecológica, Sachs (2000) parece demonstrar uma dificuldade para romper com os paradigmas da disciplinaridade do conhecimento, ao endossar a proposta de William Kapp de "... postular o nascimento de uma nova disciplina: a eco-sócio-economia" (Sachs, 2000, p. 61).

O objetivo de trazer esses comentários sobre o texto de Sachs (2000) é o de apontar para a necessidade da radicalidade da crítica, da postura de ruptura, na proposta de construir uma noção de sustentabilidade que se volta para o novo. Noção calcada em novos paradigmas que possam, de fato, consubstanciar uma nova relação do ser humano com ele mesmo, entre os seres humanos, entre Norte e Sul, entre sociedade e natureza, ou seja, a construção de um novo modelo de sociedade que potencialize a superação da crise ambiental que vivemos hoje em todo o planeta. Crise ambiental que já vem sendo anunciada há algum tempo: "Pela primeira vez na história, a sobrevivência física da espécie humana depende de uma radical mudança do coração humano. Todavia, uma transformação do coração humano só é possível na medida em que ocorram drásticas transformações econômicas e sociais que dêem ao coração humano a oportunidade para mudança, coragem e visão para consegui-la" (Erick Fromm, 1976).

Loureiro (2000), baseando-se em Redclift (1997), demonstra que é na radicalidade dos processos de transformações recíprocas dos indivíduos e da sociedade que se constroem novas relações entre sociedade e natureza. "As relações sociais envolvem não só interações entre indivíduos, grupos ou classes sociais, mas compreendem as relações desses com a natureza. Logo, pensar a transformação da natureza implica refletir acerca da transformação do indivíduo, sendo tal mudança constituída em cada fase da existência social. O modo como nos inserimos em um ambiente é essencialmente um conjunto de relações sociais; portanto, uma alteração radical nessas relações depende de uma mudança estrutural da sociedade em questão" (Loureiro, 2000, p. 16).

Mudanças e transformações sociais significativas sempre estiveram historicamente acompanhadas de acirramentos dos conflitos na sociedade. Dificilmente tivemos na história da humanidade processos de transição para uma nova ordem, com sucessão de uma ordem preestabelecida por uma evolução progressiva, sem traumas, de forma consensual e harmônica. Capra (1989), utilizando-se de estudos de Toynbee (1972), entre outros, descreve que geralmente as grandes transformações sociais decorrentes da superação de crises significam rupturas das estruturas sociais, de seus símbolos e, até mesmo, de seus paradigmas.

"A problemática ambiental tem a particularidade de ser tão ampla, e de seus elementos estarem tão interconectados, que sua delimitação tornase difícil" (Foladori, 1999, p. 94). É justamente por esses aspectos da questão ambiental que os paradigmas cientificistas, que informam a atual visão de mundo, fragmentadora e simplificadora da realidade, entre outros, não dão conta de propor uma sustentabilidade que de fato compreenda-transforme a relação ser humano-sociedade-natureza. Tais paradigmas não permitem, por exemplo, perceber o meio ambiente como uma realidade complexa.

A realidade complexa traduz-se na natureza do espaço, "formado, de um lado, pelo resultado material acumulado das ações humanas através do tempo, e, de outro, animado pelas ações atuais que hoje lhe atribuem um dinamismo e uma funcionalidade" (Santos, 1997, p. 85). A complexidade se dá, entre outras, pela representação desse espaço como totalidade em diferentes escalas, em que "cada coisa nada mais é do que parte da unidade, do todo, mas a totalidade não é uma simples soma das partes. As partes que formam a totalidade não bastam para explicá-la" (Santos, 1997, p. 93).

Abordagens cartesianas, descontínuas na compreensão e intervenção no espaço, como as que buscam dar soluções pontuais, têm sua gestação no tratamento cientificista de apreensão da realidade, substanciado no positivismo. Essa visão fragmentada, parcializada, buscando a sua compreensão pela aparência dos fenômenos, a partir de categorias que negligenciam o caráter histórico dos fatos, tornando-os universais, imutáveis e inquestionáveis, isolados da "intervenção perturbadora de outros fenômenos... reduzidos à sua pura essência quantitativa..." (Lucáks, 1967), se imbui de uma pretensa objetividade científica para se chegar às certezas que propiciam estabilidade. Dessa forma, "... nos instalamos de maneira segura em nossas teorias e idéias, as quais não têm estrutura para acolher o novo" (Morin, 2000, p. 30). Tais abordagens não dão conta das questões ambientais, constituídas em realidades complexas. Para tanto, tornam-se necessários outros referenciais teóricos que habilitem a compreensão dessa realidade complexa em suas relações interativas.

"O todo somente pode ser conhecido através do conhecimento das partes, e as partes somente podem ser conhecidas pelo conhecimento do todo. Essas duas verdades são, porém, parciais. Para alcançar a verdade total, é necessário reconhecer o movimento do todo e das partes, através do processo de totalização" (Santos, 1997, p. 96).

Portanto, para uma visão radical de sustentabilidade das relações ser humano-sociedade-natureza reconhecer o movimento do todo e das partes, em suas interações constitutivas de uma realidade complexa, requer uma outra estrutura de pensamento (paradigma).

Morin (1997) propõe uma outra estrutura, que denomina de pensamento complexo. Esse novo paradigma "tem a propriedade de reunir o que está separado"; é "um pensamento que pode conceber o sistema e a organização"; rompe com a idéia linear e propõe a causalidade circular, "onde o próprio efeito volta à causa"; concebe uma circularidade autoprodutiva, em que o "produto é ele próprio, o produtor. O efeito é ao mesmo tempo uma causa"; contempla o princípio hologramático, em que "a parte está dentro do todo, mas que o todo está no interior das partes", e o princípio dialógico, que "para compreendermos alguns fenômenos complexos é necessário que juntemos duas noções que, a princípio, são antagônicas e, ao mesmo tempo, são complementares".

Para vivenciarmos esse paradigma e construirmos uma nova sociedade sustentável em um movimento recíproco e simultâneo, é necessário nos abrir ao novo e ter a coragem de renunciar ao conhecido. É estarmos libertos da estabilidade das certezas científicas vivendo também no rol das incertezas. Quando se estabelece na compreensão do real o lugar das incertezas, tornando-as referências, relativizam-se as verdades, complexificando-as, já que "... a incerteza, que mata o conhecimento simplista, é o desintoxicante do conhecimento complexo" (Morin, 2000, p. 31).

"A complexidade não tem metodologia, mas pode ter seu método. O que chamamos de método é um memento, um 'lembrete'. Enfim, qual era o método de Marx? Seu método era incitar a percepção dos antagonismos de classe dissimulados sob a aparência de uma sociedade homogênea. Qual era o método de Freud? Era incitar a ver o inconsciente escondido sob o consciente e ver o conflito no interior do ego. O método da complexidade pede para pensarmos nos conceitos, sem nunca dá-los por concluídos, para quebrarmos as esferas fechadas, para restabelecermos as articulações entre o que foi separado, para tentarmos compreender a multidimensionalidade, para pensarmos na singularidade com a localidade, com a temporalidade, para nunca esquecermos as totalidades integradoras. É a concentração na direção do saber total, e, ao mesmo tempo, é a consciência antagonista e, como disse Adorno, 'a totalidade é não-verdade'. A totalidade é, ao mesmo tempo, verdade e não-verdade, e a complexidade é isso: a junção de conceitos que lutam entre si" (Morin, 1999, p. 192).

Uma sociedade cada vez mais complexa, planetária, como a dos nossos dias atuais, baseada em paradigmas fragmentários, individualistas, simplificadores da realidade, antagônicos a uma realidade complexa, caminha a passos largos para a degradação da qualidade da vida humana e planetária; para uma crise socioambiental de insolvência. "Uma sociedade em que indivíduos e grupos têm muita autonomia e que, evidentemente, há desordens e liberdades, no limite ela se destrói, pois os indivíduos e grupos não têm mais relações entre si. Pode-se manter a coesão da sociedade por meio de medidas autoritárias, mas a única maneira de salvaguardar a liberdade é que haja o sentimento vivido de comunidade e solidariedade, no interior de cada membro, e é isso que dá uma realidade de existência a uma sociedade complexa. Portanto, a solidariedade é constituinte dessa sociedade" (Morin, 1997, p. 22).

É nesse campo que se situa uma Educação Ambiental, que deve ser crítica à noção de sustentabilidade em construção, entre outras. O reconhecimento do campo de disputa, do conflito entre partes como pertinentes a uma realidade complexa, pode vir a potencializar a realização do equilíbrio socioambiental, mas não como a falsa idéia da visão hegemônica que reconhece o equilíbrio como a harmonização entre as partes, o consenso como ausência de conflitos. Para a compreensão-construção da realidade complexa sustentável, baseada em novos paradigmas, o equilíbrio é dinâmico, é solidário. Ele se dá no movimento permanente, historicamente situado, de conflitos e consensos entre as partes, constituindo a realidade em movimentos de totalização.

4. Educação Ambiental para a Sustentabilidade

O despertar da consciência ecológica, princípio e fim de uma educação ambiental, é substanciada por uma razão crítica, que percebe as relações de poder de caráter dominador e explorador, que desestruturam, que rompem laços, produzem cisão, que degradam homem e natureza. Assim como, reciprocamente, deve substanciar-se pela promoção do sentimento de pertencimento solidário, o que interconecta, o que integra unidade e multiplicidade. É uma Educação Ambiental do "ser amoroso", que assim estabelece seus elos com o mundo (Leis, 1999), a do "saber cuidar" como uma "ética do humano de compaixão pela Terra" (Boff, 1999). Essa Educação Ambiental, que visa à sustentabilidade da vida do planeta, se estabelece no movimento que provoca rupturas e religações fundantes de um novo paradigma.

Morin (1997) afirma que "nossa educação nos ensinou a separar e a isolar as coisas. Separamos os objetos de seus contextos, separamos a realidade em disciplinas compartimentadas uma das outras. Mas, como a realidade é feita de laços e interações, nosso conhecimento é incapaz de perceber o *complexus* — o tecido que junta o todo".

Dessa forma, sendo o meio ambiente e sua problemática os conteúdos básicos da Educação Ambiental, é que se apresenta a interdisciplinaridade como um dos tratamentos adequados ao seu processo pedagógico. A interdisciplinaridade, como sendo a construção de um conhecimento complexo, busca superar a disciplinaridade e se aproximar mais adequadamente de uma realidade complexa. Como diria Morin (1997): "Conhecer é sempre poder rejuntar uma informação ao seu contexto e ao conjunto ao qual pertence."

"Na vivência de um processo interdisciplinar em sua integralidade, em que novos conhecimentos vão sendo construídos e que novos valores e atitudes podem ser gerados, resultando em práticas sociais diferenciadas, essas possibilidades de transformação são propícias ao processo educativo que objetiva a formação da cidadania, mas uma cidadania em que seu exercício seja resultado de práticas críticas e criativas de sujeitos aptos a atuarem nessa sociedade mundializada. O atual cidadão necessita dessa compreensão de totalidade para se situar e ser eminentemente um agente social nesse mundo globalizado e complexificado" (Guimarães, 2000b).

O ambiente como uma realidade complexa é aquele que interconecta o que está fora e dentro da escola, está na realidade local e global, está no pátio escolar e na reserva ambiental, está no social e no ambiental. Portanto, a Educação Ambiental, que assim concebe ambiente, é uma proposta aberta ao novo, a uma nova visão de mundo que procura romper com os paradigmas de disjunção (Morin, 1997) que constituíram o modelo de sociedade contemporânea, produtora dos graves problemas socioambientais da atualidade. A realidade socioambiental se inter-relaciona de forma interdependente, não sendo aspectos isolados da realidade.

A natureza do problema está, portanto, no atual modelo de sociedade, fragmentária, reducionista, individualista, consumista, concentradora de riqueza, exploratória, que se volta para a degradação, antagônico às características de uma natureza que é complexa, coletiva, sistêmica, sinergética, que recicla, que se volta para a vida.

Esse é um dos problemas centrais em que a Educação Ambiental deve se debruçar: entender as estruturas e visões de mundo dessa sociedade e sua relação com a natureza, a sua dinâmica intermediada pelas relações desiguais de poder, as suas motivações dinamizadas pelo privilégio aos interesses particulares, da parte sobre o todo, sobre o bem coletivo. É desvelar e agir sobre as relações que originaram os problemas ambientais e não apenas nos restringirmos a no máximo informarmos as suas conseqüências. É perceber os embates, para neles atuar como campos de disputa constitutivos da realidade, entre os quais o da noção sobre sustentabilidade.

5. Conclusões

Qual proposta de Educação que dará conta de contribuir na construção de uma sociedade sustentável? Será uma Educação baseada nos paradigmas tradicionais que acreditam que o comportamento da sociedade é resultado da soma dos comportamentos de cada indivíduo (das partes)? É aquela que o professor transmite as informações corretas e que disso se espera que resulte na mudança de comportamento dos alunos, solucionando assim os problemas? Que acredita que somando esses comportamentos "corretos" teremos uma nova sociedade? Será que dessa forma superaremos os problemas ambientais? Que basta transmitir o conhecimento certo aos nossos alunos que eles terão consciência ecológica ?

Essa Educação tradicional e hegemônica é eminentemente teórica, informativa, pelo papel do professor como transmissor de conhecimentos, e é passiva, pelo aluno ser o receptor desse conhecimento como verdade absoluta; portanto, inquestionável. Reforça valores fragmentários e individualistas quando acredita que a soma das partes (indivíduo) é que forma o todo (sociedade), quando não valoriza as relações entre as partes (relações sociais e ambientais), pois realiza a atomização do indivíduo na sociedade. É presa ao conteúdo dos livros sem contextualizar em uma realidade socioambiental, podendo, portanto, ficar restrita à sala de aula ou a uma reserva ecológica, não estimulando a interação desses indivíduos em um processo de intervenção crítica na realidade socioambiental. É uma Educação "bancária", conservadora, pouco apta a transformações sociais, conforme denunciava o Mestre Paulo Freire.

Para Loureiro (2000, p. 13), "a ausência de crítica política e análise estrutural dos problemas que vivenciamos possibilita que a educação ambiental seja estratégia na perpetuação da lógica instrumental do sistema vigente, ao reduzir o "ambiental" a aspectos gestionários e comportamentais".

O sentido de educar ambientalmente hoje vai além de sensibilizar a população para o problema. Não basta mais apenas sabermos o que é certo ou errado em relação ao meio ambiente. Precisamos até mesmo superar a noção de sensibilizar, que na maior parte das vezes é entendida como compreender racionalmente. Só a compreensão da importância da natureza não é o bastante para ser levada à sua preservação por nossa sociedade. Sensibilizar envolve também o sentimento de amar, o ter prazer em cuidar, como cuidamos dos nossos filhos. É o sentido de doação, de integração, de pertencimento à natureza.

É preciso ainda, e sobretudo, a mobilização, o pôr a ação em movimento. É incorporar (razão e emoção) à questão ambiental no cotidiano de nossa ação como prioridade. É uma mudança de atitude nossa com nós mesmos, em uma nova visão de mundo; nossa com os outros e o ambiente que nos envolve, em uma ação solidária. É tudo isso em nossa luta política, como seres sociais que somos, pela conquista de um novo modelo de sociedade que preze a relação do equilíbrio com o meio ambiente, que passa obrigatoriamente pela justiça social, ou seja, é a construção de uma nova sociedade ambientalmente sustentável. É preciso, portanto, o exercício pleno de nossa cidadania em um processo de conscientização (consciência + ação).

A proposta aberta ao novo, a ruptura de paradigmas, é a de uma Educação crítica, que compreende a sociedade como um sistema em uma realidade complexa, em que cada uma de suas partes (indivíduos) influencia o todo (sociedade), mas ao mesmo tempo a sociedade, com seus padrões sociais, influencia os indivíduos. Portanto, para haver mudanças significativas não bastam apenas transformações individuais (partes), mas se necessita também de transformações recíprocas na sociedade (todo).

Nessa relação (dialética/dialógica) entre indivíduo e sociedade, sociedade humana e natureza, entre as partes e o todo, é que se constrói o processo de uma educação política que forma indivíduos (educandos e educadores) como atores (sujeitos) sociais, aptos a atuarem coletivamente no processo de transformações sociais em busca de uma nova sociedade ambientalmente sustentável. Nesse processo nós (educandos e educadores) nos transformamos também, nos educamos, nos conscientizamos. Indivíduos que se transformam atuando no processo de transformações sociais que se realizam no meio ambiente, ou seja, numa realidade complexa.

Para essa Educação Ambiental, que acreditamos crítica, os problemas ambientais não são "atividades fins" conforme demonstra Layrargues (1999), em que a solução se daria por mudanças comportamentais de cada indivíduo. Para essa proposta crítica, os problemas ambientais são "temas geradores" que problematizam a realidade para compreendê-la, instrumentalizando para uma ação crítica de sujeitos em processo de conscientização. Compactuando mais uma vez com Morin (2000), "o dever principal da educação é armar cada um para o combate vital para a lucidez".

Portanto, de forma contrária à Educação Tradicional, a Educação Ambiental Crítica volta-se para uma ação reflexiva (teoria e prática — práxis) de intervenção em uma realidade complexa; é coletiva; seu conteúdo está para além dos livros, está na realidade socioambiental derrubando os muros das escolas. É uma Educação política voltada para a transformação da sociedade em busca da sustentabilidade. Assim como nos disse Paulo Freire, essa é uma "Pedagogia da Esperança", capaz de construir utopias, como um "inédito viável", por aqueles que têm a firmeza da renúncia e a coragem de inovar. Pois são justamente esses que têm a possibilidade de contribuir para a construção de um mundo melhor.

6. *Referências Bibliográficas*

BENSAID, D. (1999). Marx, o intempestivo: grandezas e misérias de uma aventura crítica. Civilização Brasileira, Rio de Janeiro.

BOFF, L. (1999). Saber cuidar: ética do humano — compaixão pela Terra. Vozes, Petrópolis.

______ (2000). Ecologia, Mundialização, Espiritualidade. Ática, São Paulo, 3ª edição.

CAPRA, F. (1989). O Ponto de Mutação. Cultrix, São Paulo, 8ª edição.

CARVALHO, I. C. de M. (1991). Territorialidades em luta: uma análise dos discursos ecológicos. Série Registros. Instituto Florestal/SMA, São Paulo, nº 9:1-56.

______ (2000). A questão ambiental e a emergência de um campo de ação político-pedagógica. *In*: Sociedade e Meio Ambiente: a Educação Ambiental em debate. Cortez, São Paulo, 53-65.

FOLADORI, G. (1999). Los limites del desarrollo sustentable. Revista Trabajo y Capital, Montevidéo.

FREIRE, P. (1992b). Pedagogia do Oprimido. Paz e Terra, Rio de Janeiro, 20ª edição.

______ (1992a). Pedagogia da Esperança. Paz e Terra, Rio de Janeiro.

FROMM, E. (1976). Ter ou Ser. Guanabara, Rio de Janeiro.

GADOTTI, M. (2000). Pedagogia da Terra. Petrópolis, São Paulo.

GIDDENS, A. & PIERSON, C. (2000). Conversas com Anthony Giddens. Ed. FGV, Rio de Janeiro.

GRÜN, M. (2000). Ética e Educação Ambiental — uma conexão necessária. Papirus, Campinas, 3ª edição.

GUIMARÃES, M. (1995). A Dimensão Ambiental na Educação. Papirus, Campinas.

______ (2000a). Educação Ambiental: no consenso um embate? Papirus, Campinas.

______ (2000b). Educação Ambiental — temas em meio ambiente. Editora Unigranrio, Duque de Caxias.

______ (2001). Educação Ambiental e a Gestão para a Sustentabilidade. *In*: SANTOS & SATO (org.): A Contribuição da Educação Ambiental à Esperança de Pandora. RiMa Editora, São Carlos/SP, 183-195.

GUIMARÃES, R. P. (1997). Desenvolvimento sustentável: da retórica à formulação de políticas públicas. *In*: BECKER, B.K. & MIRANDA, M.: A geografia política do desenvolvimento sustentável. Editora UFRJ, Rio de Janeiro, 13-44.

GUTIÉRREZ, F. & PRADO, C. (1999). Ecopedagogia e Cidadania Planetária. Cortez, São Paulo.

LAYRARGUES, P. P. (1998). A Cortina de Fumaça. Annablume, São Paulo.

________ (1999) A resolução de problemas ambientais locais deve ser tema de um tema-gerador ou a atividade-fim da educação ambiental? *In*: REIGOTA, M.: Verde cotidiano: meio ambiente em discussão. DP&A, Rio de Janeiro.

LEFF, E. (2001). Epistemologia Ambiental. Cortez, São Paulo.

LEIS, H. R. (1999). A modernidade insustentável. Vozes, Petrópolis/RJ.

LIMA, G. F. da C. (1997). O debate da sustentabilidade na sociedade insustentável. Revista Política & Trabalho. PPGS/UFPB, João Pessoa, nº 13: 201-222.

________ (1999). Questão Ambiental e Educação: contribuições para o debate. Revista Ambiente & Sociedade. Campinas/SP: NEPAM, ano II, nº 5, 2º semestre.

LOUREIRO, C. F. B.; LAYRARGUES, P. P. & CASTRO, R. S. de. (2000). Sociedade e Meio Ambiente: a Educação Ambiental em debate. Cortez, São Paulo.

LUKÁCS, G. (1967). Histoire et conscience de classe. Les Éditions de Minuit, Paris. (Trad. Angela Mendes de Almeida — mimeografado).

MARCUSE, H. (1969). A Ideologia da Sociedade Industrial. Zahar, Rio de Janeiro.

MORIN, E. (1997). Complexidade e ética da solidariedade. *In*: CASTRO, G. de; CARVALHO, E. de A.; ALMEIDA, M. C. de (Coord.). Ensaios de Complexidade. Sulina, Porto Alegre, 15-24.

________ (1999). Ciência com Consciência. Bertrand Brasil, Rio de Janeiro, 3ª edição.

________ (2000). Saberes globais e saberes locais: o olhar transdisciplinar. Garamond, Rio de Janeiro.

REDCLIFT, M. (1997). Social theory and the global environment. Routledge, Londres, 2ª edição.

REIGOTA, M. (1999). A Floresta e a Escola. Cortez, Rio de Janeiro.

SACHS, I. (1996). El desafio ambiental. *In*: SALOMÓN, J. J. e outros. Una busqueda incierta. Ciência, Tecnologia y Desarrollo. CIDE, Cidade do México.

________ (2000). Caminhos para o Desenvolvimento Sustentável. Garamond, Rio de Janeiro.

SANTOS, M. (1997). A Natureza do Espaço: Técnica e Tempo — Razão e Emoção. HUCITEC, São Paulo, 2ª edição.

SHIVA, V. (1991). Que quiere dizer "sustentable"? Revista del Sul. Red del Terceiro Mundo, nº 3: 28-31.

ZACARIAS, R. (2000). Consumo, Lixo e Educação Ambiental: uma abordagem crítica. FEME, Juiz de Fora.

CAPÍTULO 4

PERÍCIA AMBIENTAL

Lílian Alves de Araújo

1. Introdução

Como marco na estruturação da legislação ambiental brasileira surge a Lei Federal n.º 6.938, de 31/8/81, instituindo a Política Nacional do Meio Ambiente, que, dentre seus inúmeros méritos, estabeleceu o princípio segundo o qual os responsáveis por danos causados ao ambiente devem ser responsabilizados e obrigados a indenizá-los ou repará-los, independentemente da existência de culpa, prevendo uma Ação Judicial específica para esse tipo de responsabilidade, qual seja: a Ação Civil Pública, que veio a ser regulamentada em 24/7/85 pela Lei Federal n.º 7.347.

O advento da Constituição Federal de 1988 deu um grande impulso à questão ambiental no Brasil, pois o combate a qualquer processo de degradação do ambiente tornou-se dever de todos os cidadãos e não apenas do Estado, sendo que os meios judiciais de proteção ambiental tornaram-se legítimos instrumentos para esse fim.

Pode-se afirmar que a sociedade brasileira conta com uma legislação ambiental exemplar, com avançados instrumentos processuais para a defesa ambiental, tendo que enfrentar, contudo, o desafio da correta implementação dessa legislação como afirmação de sua própria cidadania, no sentido de garantir para as presentes e futuras gerações o direito ao meio ambiente ecologicamente equilibrado (art. 225, *caput*, Constituição Federal).

A proteção judicial do ambiente, visto como um bem jurídico de uso comum do povo é, portanto, uma realidade recente e é exercida, principalmente, pela Ação Civil Pública Ambiental (Lei Federal nº 7.347, de 24/7/85), caracterizada como sendo de responsabilidade por danos causados ao meio ambiente e a bens e direitos de valor artístico, estético, histórico, turístico e paisagístico (Art. 1º, I e III).

Inclusa no âmbito da implementação dos meios processuais de defesa do meio ambiente, em especial da Ação Civil Pública Ambiental, cujo principal objeto é o dano ambiental ou o risco de sua ocorrência, encontra-se a Perícia Ambiental, instrumento de fundamental importância na elucidação técnica das questões levadas a juízo.

A Perícia Ambiental é um meio de prova utilizado nos processos judiciais, sujeita à regulamentação prevista pelo Código de Processo Civil, com prática forense comum às demais modalidades de perícia, mas que irá atender a demandas específicas advindas das questões ambientais. A Perícia Ambiental é relativamente nova no Brasil, mas tem evoluído consideravelmente em decorrência do aprimoramento da legislação ambiental (Araújo, 1999).

Na concepção jurídica, o perito é um auxiliar da justiça que assessora o juiz na formação de seu convencimento quando as questões em pauta exigem conhecimentos técnicos ou científicos específicos para a elucidação da lide.

A prova pericial, além de deter o interesse dos profissionais atuantes no processo judicial e que dela dependem para o deslinde da grande maioria das ações em andamento, quais sejam, os advogados, os procuradores, os promotores de justiça, os juízes e as instituições públicas ou privadas envolvidas nos litígios, bem como dos técnicos especialistas que exercem a função de peritos judiciais ou assistentes técnicos das partes, detém, sobretudo, o interesse de toda a sociedade, pois o direito sobre os bens ambientais sob tutela são coletivos ou difusos.

A importância institucional dessa nova modalidade de perícia oficializou-se com a realização, pelo Instituto Brasileiro de Avaliações e Perícias de Engenharia (IBAPE), do IX Congresso Brasileiro de Engenharia de Avaliações e Perícias (IX COBREAP), de 29/9 a 3/10/1997, na cidade de São Paulo, sendo tema de destaque sob o título *Perícias ambientais: novos horizontes.*

Por tratar-se de uma modalidade de perícia em fase inicial de estruturação, as conclusões deste evento indicaram a necessidade de desenvolvimento de critérios metodológicos para serem aplicados na realização de Perícias Ambientais, vislumbrando até a necessidade de futuras normatizações técnicas, tendo em vista a peculiaridade de seu caráter multidisciplinar, ainda não contemplado pelas normas jurídicas que a regem.

Nesse contexto, a Perícia Ambiental apresenta-se como uma nova área de atuação profissional, de relevante interesse social, a exigir, na maioria dos casos, uma prática multidisciplinar, demandando, além de especialização e qualificação profissional no âmbito das ciências ambientais, estudos e pesquisas que fundamentem o desenvolvimento de seus aspectos jurídicos, teóricos, técnicos e metodológicos.

Entretanto, a integração dos estudos ambientais com a legislação ambiental e os instrumentos de defesa do ambiente são temas muito recentes e de desenvolvimento e aplicação ainda incipientes nas ciências de um modo geral e, em particular, na Geografia. As relações homem x meio, hoje denominadas de estudos da sociedade e da natureza, sempre foram objeto da ciência geográfica, sendo que, hoje, os enfoques e metodologias são diferentes e ainda guardam a perspectiva de maior interação entre as diversas áreas de conhecimento em torno das questões ambientais.

As normas jurídicas de proteção ambiental objetivam, exatamente, disciplinar a relação sociedade x natureza, visando assegurar o direito de toda a sociedade ao meio ambiente ecologicamente equilibrado, tanto para as presentes quanto para as futuras gerações. Tais normas têm seu rebatimento físico-espacial, na medida em que os bens que compõem o ambiente objeto de proteção (solo, água, ar atmosférico, flora, fauna e patrimônio sociocultural) são suporte material para a sobrevivência humana e tidos como recursos.

Os conflitos ambientais gerados em decorrência da utilização desses recursos são geograficamente localizados e tratados segundo o padrão sociocultural de uma determinada sociedade (comunidade) que vive em um território (município, estado, país, região, lugarejo, bacia hidrográfica etc.). Daí a legislação ambiental em níveis federal, estadual e municipal e os acordos internacionais em torno de questões ambientais, que extrapolam limites territoriais.

Os conflitos advindos da crescente concentração populacional, aliada a um modelo econômico que compromete o equilíbrio ecológico e, conseqüentemente, a qualidade de vida dos cidadãos, têm gerado demandas judiciais cada vez mais complexas envolvendo questões ambientais, que por sua vez dependem da realização de perícias para sua elucidação técnica.

Essas questões só poderão ser tecnicamente elucidadas com o exercício da interdisciplinaridade e, nesse contexto, destaca-se a área de conhecimento da Geografia, em especial da Geomorfologia, no trato das questões de degradação ambiental provocadas pelas atividades humanas, como desmatamentos, que geram instabilidades, e erosão dos solos; ocupação irregular das encostas, que geram profundas mudanças na rede de drenagem, em decorrência da urbanização e industrialização, com o assoreamento do leito dos rios, potencializando a ocorrência de enchentes e inundações e afetando a qualidade da água.

Por outro lado, evidencia-se a necessidade de os profissionais da área da Geomorfologia se apropriarem dessa demanda e incorporarem o contexto legal da defesa do ambiente à sua prática, pois as agressões e os danos a serem caracterizados, mensurados e avaliados em sua área técnica específica dependem de um enquadramento legal básico.

Dessa forma, justifica-se a abordagem teórico-conceitual do presente capítulo, tanto no sentido da busca de uma necessária compreensão do papel da Perícia Ambiental como instrumento de atuação na defesa do ambiente, como também objetivando apresentar o instrumental jurídico-operacional necessário à atuação dos profissionais da Geomorfologia na área da Perícia Ambiental.

Portanto, a abordagem do presente capítulo compreende: a base conceitual e os aspectos legais da prática da perícia na área ambiental, vinculada à Legislação Ambiental, um estudo sobre o principal objeto desta modalidade de perícia constituído pelo dano ambiental e os principais aspectos de ordem técnica que dão o contorno dos conhecimentos técnicos específicos necessários à realização de Perícias Ambientais.

2. *Base Conceitual e Aspectos Legais da Perícia Ambiental*

2.1. Conceito de Meio Ambiente

Pelo aspecto judicial do tema abordado nesse capítulo, destaca-se o conceito legal de meio ambiente, introduzido no ordenamento jurídico brasileiro pela Lei Federal n.º 6.938, de 31/8/81, que dispõe sobre a Política Nacional do Meio Ambiente, conferindo-lhe a devida amplitude em seu art. 3.º, inciso I:

> **Art. 3.º** Para os fins previstos nesta lei, entende-se por:
> I — meio ambiente, o conjunto de condições, leis, influências e interações de ordem física, química e biológica que permite, abriga e rege a vida em todas as suas formas.

Na opinião de Custódio (1993), ao citar Machado (1982): "Trata-se de ampla definição legal, pois atinge tudo aquilo que permite a vida, que a abriga e rege, abrangendo as comunidades, os ecossistemas e a biosfera."

Neste sentido, Silva (1994) aponta para a existência de três aspectos do ambiente, que são:

— *ambiente natural* — constituído pela biosfera, ou seja, o solo, a água, o ar atmosférico, a flora e a fauna. É onde se dá a correlação recíproca entre as espécies e as relações destas com o meio físico que ocupam;

— *ambiente cultural* — integrado pelo patrimônio artístico, histórico, turístico, paisagístico, arqueológico e espeleológico;

— *ambiente artificial* — formado pelo espaço urbano construído, consubstanciado no conjunto de edificações e pelos equipamentos públicos: ruas, praças, áreas verdes e todos os demais assentamentos de reflexos urbanísticos.

2.2. *Instrumentos de Defesa do Meio Ambiente*

Nas palavras de Benjamin (1993), o meio ambiente passou a ser visto como um sistema a merecer tutela, de fato como sistema e não apenas por meio de seus elementos componentes (o ar, as águas e as florestas).

Para Fiorillo (1996), todo instrumento destinado e utilizado, tanto pelo Poder Público quanto pela coletividade, na preservação ou na proteção dos bens ambientais, constitui um instrumento de tutela ambiental. Segundo o critério didático estabelecido por esse autor, os instrumentos de tutela podem ser classificados em dois grupos distintos: mecanismos não-jurisdicionais de tutela ambiental e mecanismos jurisdicionais de tutela ambiental.

Os mecanismos não-jurisdicionais de tutela ambiental referem-se ao EIA/RIMA, às licenças e autorizações ambientais, auditorias ambientais, manejo ecológico, zoneamento, tombamento, espaços especialmente protegidos, atuação do Poder Público no exercício do poder de polícia, prevenindo (por exemplo, com leis, decretos, autorizações etc.) ou reprimindo (sanções administrativas) os abusos contra o ambiente.

Os mecanismos jurisdicionais de tutela ambiental relacionam-se às ações judiciais de procedimento comum e às ações judiciais coletivas, como a ação popular, a ação civil pública, mandado de segurança coletivo ambiental e mandado de injunção, que são os meios processuais utilizados na apuração de responsabilidade civil pelos danos ambientais.

2.3. *Legislação Ambiental*

Segundo Tostes (1998), a legislação é o conjunto de normas jurídicas de um país, sendo esse conjunto integrado pela Constituição, leis, decretos e resoluções. Quanto à Legislação Ambiental, o autor afirma que essa é integrada pelas normas de defesa dos bens ambientais e pelas normas que disciplinam os usos e atividades que podem interferir com estes bens — como, por exemplo, as atividades industriais, geração de energia e urbanização — e ressalta a importância das resoluções.

Os marcos mais importantes no ordenamento jurídico voltado para a tutela do ambiente constituem-se em duas Leis Federais e na Constituição Federal vigente. O primeiro marco foi a edição da Lei Federal n.º 6.938, de 31/8/81 (Política Nacional do Meio Ambiente); o segundo, a promulgação da Lei n.º 7.347, de 24/7/85 (Lei da Ação Civil Pública); e o terceiro, a edição da nova Constituição Federal, de 5/10/88 (Milaré, 1993).

Na verdade, a legislação ambiental brasileira só veio a se estruturar e definir como tal a partir desse conjunto de normas, mais precisamente a partir da Lei Federal n.º 6.938/81, pois até então não havia referência direta ao ambiente como figura jurídica própria. Ao contrário, os recursos ambientais eram vistos de forma compartimentada e sua proteção contava com leis específicas direcionadas aos bens individualizados na natureza, ou seja, leis protetoras da flora, fauna, águas etc. (Rosa, 1998).

Acrescentem-se, ainda, dois marcos mais recentes: o primeiro, a edição da Lei n.º 8.078, de 11/9/90, que instituiu o Código de Defesa do Consumidor, determinando importantes acréscimos e dando uma amplitude ainda maior à Lei n.º 7.347/85 (Lei da Ação Civil Pública), e o segundo, na esfera penal, a edição da Lei n.º 9.605, de 12/2/98, conhecida como Lei de Crimes Ambientais, que dispõe sobre as sanções penais e administrativas derivadas de condutas e atividades lesivas ao ambiente. Vale ainda destacar as Constituições Estaduais, seguidas das Leis Orgânicas dos Municípios e dos Planos Diretores.

A legislação ambiental apresenta importantes conceitos e definições a serem considerados na delimitação da área de conhecimento da Perícia Ambiental, destacando-se os seguintes méritos dos três marcos anteriormente mencionados:

— **Lei Federal n.º 6.938, de 31/8/81** — Dispõe sobre a Política Nacional do Meio Ambiente, cujo mérito foi o de trazer para o mundo do Direito o conceito normativo de *meio ambiente*, como objeto específico de proteção em seus múltiplos aspectos, bem como os conceitos de *degradação da qualidade ambiental*, *poluição*, *poluidor* e *recursos ambientais* e o de estabelecer a obrigação de o *poluidor pagador* reparar os danos causados, segundo o princípio da *responsabilidade objetiva* (ou sem culpa) em ação movida pelo Ministério Público.

— **Lei Federal nº 7.347, de 24/7/85** — Disciplina a ação civil pública de responsabilidade por danos causados ao meio ambiente, ao consumidor, a bens e direitos de valor artístico, estético e histórico, com nova redação dada pela Lei nº 8.078, de 11/9/90. Essa Lei tem por finalidade o cumprimento da obrigação de fazer, de não fazer e/ou a condenação em dinheiro, e cria um fundo com recursos advindos das condenações em dinheiro para a reconstituição dos bens lesados. A Lei da ação civil pública pode ser considerada como o principal instrumento processual coletivo de defesa do ambiente e principal fonte de demanda por perícias ambientais.

— **Constituição Federal de 5/10/88** — Deu um grande impulso à questão ambiental no Brasil, não conferindo ao Estado o monopólio da defesa ambiental, pois a sociedade e também o cidadão passam a ter o poder e o dever de defender o ambiente.

2.4. Perícia Ambiental no Âmbito da Ação Civil Pública

A Perícia Ambiental é um meio de prova utilizado em ações judiciais envolvendo conflitos ambientais, cujo principal objeto é o dano ambiental ocorrido ou o risco de sua ocorrência. A Perícia Ambiental será requerida sempre que a verificação da verdade dos fatos denunciados nos autos do processo judicial depender de conhecimentos técnico-científicos especializados na área ambiental (Araújo, 2001a).

Segundo Filho (1999), é freqüente que não bastem certidões e informações para a elucidação da lide, "muitas vezes a averiguação da existência do fato danoso e dos efeitos prejudiciais depende de prova eminentemente técnica que somente pode ser produzida por profissionais especializados na área. É nesse momento que se fazem necessários exames e perícias".

A proteção judicial do ambiente pode ser efetivada, na área penal, por meio da Ação Penal Pública, e, na área cível, pelos vários instrumentos processuais coletivos (Ações Coletivas), também designados de instrumentos jurisdicionais de tutela ambiental, colocados à disposição dos cidadãos e dos legitimados para essa defesa, pela Constituição Federal (CF) de 5/10/88. Esses instrumentos, já citados anteriormente, são o Mandado de

Segurança Coletivo (art.5º, LXX, CF), a Ação Popular (art. 5º, LXXIII, CF), o Mandado de Injunção (art. 5º, LXXI, CF) e a Ação Civil Pública (art.129, III, CF).

Dentre todos, no entanto, a Ação Civil Pública é o instrumento que mais se tem adequado à proteção dos bens ambientais, sendo hoje considerada o principal meio processual coletivo de defesa do meio ambiente, tendo por méritos garantir maior acesso à Justiça, abrindo as portas do Poder Judiciário às Associações Civis protetoras do ambiente e, ainda, legitimar e consagrar a atuação do Ministério Público (MP) na defesa dos bens ambientais. Trata-se, portanto, da principal fonte de demanda por perícias ambientais.

Disciplinada pela Lei nº 7.347, de 24/7/85, a Ação Civil Pública é caracterizada como sendo de responsabilidade por danos causados ao meio ambiente, ao consumidor, a bens e direitos de valores artístico, estético, histórico, turístico e paisagístico, a qualquer outro interesse difuso ou coletivo, e por infração à ordem econômica (art.1º, I a V). Ao presente capítulo interessam os bens tutelados constituídos pelo meio ambiente (I) e pelos bens e direitos de valores artístico, estético, histórico, turístico e paisagístico (III), razão de denominar-se Ação Civil Pública Ambiental.

O dano ambiental, ou o risco de sua ocorrência, se constitui no objeto a ser apurado, reparado e/ou indenizado pelas normas da Ação Civil Pública Ambiental, que, sendo de responsabilidade por danos, segundo Filho (1999), tem, como escopo, primeiramente identificar a pessoa que será, perante a ordem jurídica, responsabilizada pelos danos ocasionados aos bens jurídicos por ela tutelados e, ainda, o de provar a existência do dano ou de sua ameaça, bem como o nexo de causalidade, que une a atividade lesiva ao dano, demonstrando que o dano é resultado dessa atividade.

Vale ressaltar que a Ação Civil Pública Ambiental não se aplica somente às situações em que o dano ambiental já ocorreu. Sua função é reparatória, mas também possui um forte aspecto preventivo, ao tentar evitar a ocorrência do dano, aplicando-se às situações de ameaça aos bens ambientais tutelados utilizando o pedido de Medida Liminar, autorizado pelo art.12 da Lei, ou a possibilidade do ajuizamento de Ação Cautelar, previsto no art. 4º.

A Ação Civil Pública poderá ter como objetivo a condenação em dinheiro ou o cumprimento de obrigação de fazer ou não fazer (art. 3º), e sua titularidade poderá ser exercida pelo Ministério Público, pela União, pelos Estados e Municípios, autarquias, empresas públicas, fundações, sociedades de economia mista ou por associações de defesa do meio ambiente (art. 5º).

A prova pericial é de fundamental importância no contexto da Ação Civil Pública, no sentido de se confirmar, cientificamente, a ocorrência do dano e a apuração de sua real extensão ambiental, para que o juiz tenha convicção no julgamento da procedência do pedido do autor e possa determinar, se for o caso, a cessação da atividade ou conduta lesiva, a reconstituição do bem lesado, ou, se impossível a reconstituição, a indenização em dinheiro equivalente ao prejuízo constatado, a ser revertida a um fundo para recuperação dos bens lesados.

O Código de Processo Civil (CPC) regulamenta, de forma genérica, os procedimentos relativos à Prova Pericial, sem especificar modalidades. As diversas modalidades de perícia — grafológica, contábil, médica, veterinária, de engenharia, ambiental etc. — se definem pelas especificidades do objeto a ser periciado e pela área de conhecimento que as fundamentam, incluindo a legislação específica pertinente, em complemento às normas do CPC.

A Lei nº 7.437/85, que disciplina a Ação Civil Pública, prevê em seu art. 19: "Aplica-se à ação civil pública, prevista nesta Lei, o Código de Processo Civil, aprovado pela Lei nº 5.869, de 11/1/73, naquilo em que não contrarie suas disposições."

Dessa forma, a atividade pericial na área ambiental será regida pelo Código de Processo Civil, como as demais modalidades de perícia, submetida à mesma prática forense, mas que, por atender a demandas específicas advindas das questões ambientais, se desenvolverá sob o suporte da legislação tutelar do ambiente, designada Legislação Ambiental, que regulamenta a proteção ambiental nos níveis Federal, Estadual e Municipal, no âmbito do Direito Ambiental (Araújo, 1999).

Portanto, a Prova Pericial, no caso da Ação Civil Pública, é conhecida sob a denominação de Perícia Ambiental, constituindo-se até mesmo numa área técnica específica de atuação profissional.

2.5. *Regulamentação da Prova Pericial pelo Código de Processo Civil*

A função jurisdicional que no Brasil é predominantemente exercida pelos órgãos do Poder Judiciário é uma função estatal destinada à apreciação e julgamento dos conflitos de interesse (lide/litígio/mérito) e só pode ser exercida por provocação da parte, ou do interessado, por meio de uma ação judicial (Bustamante, 1994).

A ação judicial é, pois, o direito que todos os interessados têm de solicitar o pronunciamento da função jurisdicional do Estado, exercido pelo Poder Judiciário, podendo ser movida pela parte que se julga prejudicada, ou insatisfeita, ou que queira preservar um direito seu.

O instrumento pelo qual a ação judicial se desenvolve é o processo, que, nas palavras de Bustamante (1994), "é uma inter-relação jurídica que se estabelece entre as partes Autor e Réu — e o Juiz — e tem seu desenvolvimento por sucessivos atos de seus sujeitos até a solução final do litígio, ou seja, a sentença proferida pelo Juiz" (p. 2).

O processo, por sua vez, se materializa nos autos — autos do processo — que, segundo Grandiski (1995), constitui-se "em uma ou mais pastas (numeradas como volumes 1, 2, 3, etc.) onde se colecionam todos os atos, petições, laudos, documentos, etc., encaminhados à Justiça nesse processo".

O processo é regido por um conjunto de normas e princípios da disciplina do Direito Processual, que será nomeado de civil, penal, trabalhista, administrativo etc., conforme o ramo do Direito perante o qual se instaurou o conflito.

O ramo da ciência jurídica que abriga a Ação Civil Pública é exatamente o Direito Processual Civil, que trata do complexo de normas que disciplinam as relações entre indivíduos ou entes jurídicos em igualdade de condições, em suas relações recíprocas de família ou patrimoniais.

O Direito Processual Civil é codificado (coleções de leis sobre assuntos semelhantes), isto é, suas normas principais encontram-se sistematizadas no Código de Processo Civil (CPC), que é o dispositivo legal regulador das etapas a serem cumpridas e das regras de conduta do processo.

O Código de Processo Civil é composto da seguinte forma:

Livro I — Do Processo de Conhecimento

Livro II — Do Processo de Execução

Livro III — Do Processo Cautelar
Livro IV — Dos Procedimentos Especiais
Livro V — Das Disposições Finais e Transitórias

A Ação Civil Pública classifica-se como processo de conhecimento, pois desenvolve-se com a produção de provas sobre o fato danoso levado a juízo e termina com uma sentença do juiz, julgando procedente ou improcedente o pedido do autor.

Existem dois tipos de procedimentos ou ritos do processo de conhecimento: Ordinário ou Sumário, sendo que a Ação Civil Pública desenvolve-se pelo rito Ordinário, cujas principais fases se resumem conforme o fluxograma do **Quadro 1**.

Quadro 1 — Principais fases do procedimento ou rito ordinário

PETIÇÃO INICIAL
↓
CITAÇÃO
↓
CONTESTAÇÃO
↓
RÉPLICA
↓
ESPECIFICAÇÃO DE PROVAS
↓
SANEADOR
↓
AUDIÊNCIA
↓
SENTENÇA

2.5.1. *A Prova Pericial no Contexto da Ação Judicial de Rito Ordinário*

Com o objetivo de contextualizar a Prova Pericial, fazem-se oportunos a definição e o encadeamento das fases relativas ao desenvolvimento de uma ação judicial de rito ordinário na área cível, destacando-se os dispositivos legais do Código de Processo Civil, tendo em mente, principalmente, a Ação Civil Pública Ambiental, pois, como já mencionado, é a principal fonte de demanda por Perícias Ambientais.

FASES DA AÇÃO ORDINÁRIA

a) **Petição inicial**

O Advogado do Autor ou o Ministério Público, por seu Promotor de Justiça, redige uma petição, em forma de requerimento dirigido ao Juiz, na qual:

— expõe os fatos, descrevendo a situação que o aflige — DOS FATOS;
— invoca o direito a ser aplicado, apresentando os principais dispositivos da legislação pertinente ao caso — DO DIREITO;
— formula um pedido — DO PEDIDO;
— protesta pela produção de provas em Direito admitidas;
— define o valor da causa.

A petição inicial deve ser acompanhada dos seguintes documentos:

— procuração de seu cliente (no caso do Advogado);
— recibo de pagamento das custas (taxa judiciária — p/MP existe isenção);
— documentos que permitam provar o que está sendo alegado (plantas, escrituras, compromissos, declarações, recibos etc. — no caso da Ação Civil Pública anexa-se o Inquérito Civil).

Para um correto entendimento sobre a petição inicial, recorre-se aos ensinamentos de Filho (1999), que cita Vicente Greco Filho e o art. 2º do CPC, respectivamente:

"A petição inicial é a peça que enseja a deflagração do processo. É nela que o autor, dirigindo-se ao juiz, identifica as partes em litígio, formula seu pedido e oferece as razões por que o faz. Constitui 'o ato formal do autor que introduz a causa em juízo'. Trata-se de peça indispensável à instauração do processo. Por isso a regra processual de que 'nenhum juiz prestará a tutela jurisdicional senão quando a parte ou o interessado a requerer, nos casos e forma legais' (...) a petição inicial formaliza essa vontade do autor, de submeter ao crivo do órgão jurisdicional o litígio que apresenta, para o fim de ser resolvido em conformidade com o ordenamento legal."

Faz-se oportuno ainda esclarecer quanto ao procedimento de se anexar os autos do Inquérito Civil à petição inicial, no caso da Ação Civil Pública Ambiental de titularidade do Ministério Público. Segundo a conceituação de Filho (1999), o inquérito civil é um procedimento administrativo de colheita de elementos probatórios necessários à propositura da ação civil pública e acrescenta:

"No inquérito civil não existem litigantes, porque o litígio, se houver, só vai configurar-se na futura ação civil; nem acusados, porque o MP limita-se a apurar fatos, colher dados, juntar provas e, enfim, recolher elementos que indiciem a existência de situação de ofensa a determinado interesse transindividual indisponível. Por isso, como bem acentua Filho (1999), em estudo que fez a respeito do tema, o inquérito civil não tem partes, participantes ou acusados, razão por que não incide o dispositivo constitucional, e "quando se trata de procedimento investigatório, sem objetivar, ainda, qualquer punição, não se pode pretender o contraditório e a ampla defesa" (p. 225).

Para Guerra (1997):

"Esse instrumento viabiliza a colheita de testemunhos, documentos e perícias, provendo o assessoramento necessário para avaliar, do ponto de vista científico, a danosidade ou não de determinada situação. É, assim, uma peça de utilidade informativa.(...)

As informações colhidas através do inquérito civil propiciarão meios para que o Ministério Público avalie a necessidade ou não de requerer provimento judicial. Caso as informações demonstrem a existência de dano ou perigo de que este venha a ocorrer, a ação civil pública será exercida" (p. 43).

Vale ressaltar que a referência sobre a perícia, no âmbito do inquérito civil, difere da perícia na esfera judicial, não sendo um termo correto em tal circunstância, pois os procedimentos e documentos técnicos produzidos não são ainda de autoria do perito do Juízo, mas sim de técnicos requisitados pelo próprio Ministério Público, a título de assistência técnica, cujo produto poderá ser um *parecer técnico*, um *relatório de vistoria* ou uma *análise técnica de documentos*, etc.

O inquérito civil vai redundar, portanto, no convencimento da viabilidade ou não da propositura da Ação Civil Pública e, caso seja viável, já servirá para a instrução da petição inicial, sendo a ela anexado, como bem esclarece Filho (1999):

> "Se nele forem coligidos elementos suficientes para o ajuizamento da ação civil, o órgão do MP tomará a providência que lhe cabe, juntando à inicial os autos do Inquérito Civil, que já representará nesse momento uma prova antecipada dos fatos sobre os quais se funda o pedido. No caso, a fase postulatória se apresenta conjugada com parte da fase instrutória. Não havendo elementos suficientes para a propositura da ação civil, o órgão do MP promoverá o arquivamento" (p. 227).

Ainda segundo Guerra (1997), "o objetivo do inquérito civil é o de fornecer os meios para bem embasar o exercício da ação civil pública, de modo que ela seja conduzida de forma responsável", e menciona um importante aspecto desse instrumento, que é o aspecto preventivo:

> "No curso do inquérito civil, o causador da lesão poderá reconhecer o seu erro e resolver cessar a conduta que se aponta como nociva aos bens e interesses protegidos, restaurando a situação de equilíbrio, sem necessidade de chegar à via judicial" (p. 44).

b) **Citação**

O Juiz recebe a *petição inicial*, verifica se ela está formalmente em ordem e, caso afirmativo, manda citar o Réu. O Mandado de Citação é uma comunicação ao Réu de que existe uma demanda judicial contra ele. Vai acompanhado de uma cópia da petição inicial, comunicando ainda o prazo para resposta, o Juízo e o cartório, com o respectivo endereço. Se houver deferimento de *Medida Liminar*, segue, também, cópia do respectivo Despacho. A citação pode ser feita pelo correio, por Oficiais de Justiça ou por edital.

Quanto ao que representa a Medida Liminar, o art. 12 da Lei da Ação Civil Pública dispõe que "poderá o juiz conceder *liminar*, com ou sem justificação prévia, em decisão sujeita a agravo". Para Filho (1999), a Medida Liminar pode ser definida como um "ato judicial de natureza cautelar, concedido logo no início do processo e documentado por mandado, que tem por fim prevenir a ocorrência de danos aos interesses difusos ou coletivos cuja proteção é perseguida na ação civil". Quanto aos pressupostos para a concessão da Medida Liminar, Filho (ob. cit.) esclarece:

> "O que é importante é que se façam presentes os pressupostos da medida — o risco de lesão irreparável em vista da eventual demora e a plausibilidade do direito. Desse modo, o autor da ação civil pública, vislumbrando situação de risco aos interesses difusos ou coletivos a serem protegidos, pode requerer ao juiz, antes mesmo de formular o pedido na ação, a concessão de medida liminar" (p. 313).

A Medida Liminar é de fundamental importância, tendo em vista seu caráter preventivo, pois, se concedida, é um instrumento que tem o poder de cessar, de imediato, a atividade lesiva ao ambiente, prevenindo o dano que, pelo perigo da demora (*periculum in mora)*, poderia ocorrer ou se agravar no decorrer normal do processo.

c) **Contestação**

Após a Citação, o Réu tem um prazo de 15 dias para, por seu advogado, apresentar ao mesmo Juiz sua Contestação às alegações do Autor, incluindo ou não documentos.

d) **Réplica**

Havendo a Contestação, o Juiz comunica o fato ao advogado do Autor, por meio de publicação no Diário Oficial competente, abrindo prazo para a apresentação das suas contra-razões: é a Réplica.

Observação: sempre que se conclui uma fase do processo, este volta à mesa do juiz para alguma deliberação. Diz-se, então, que os autos estão conclusos ou que o processo está na conclusão. Isto ocorre com freqüência durante o processo.

e) **Especificação de Provas**

Após a réplica, os autos são conclusos ao juiz, que examina os atos praticados até o momento, mandando então que as partes especifiquem as provas que querem produzir. Os fatos necessitam ser provados. O que enseja o convencimento do juiz, a respeito dos fatos, são as *provas* respectivas.

PERÍCIA COMO MEIO DE PROVA

Ao solicitar a produção de uma prova, a parte busca não só a convicção da existência de um fato, mas, também, da sua inexistência.

O Código de Processo Civil enumera as seguintes provas usuais (arts. 332 a 443):

— Depoimento Pessoal
— Confissão
— Exibição de Documento ou Coisa
— Prova Documental
— Prova Testemunhal
— *Prova Pericial* — Arts. 420 a 439 da Seção VII — Da Prova Pericial — Cap. VI — Das Provas
— Inspeção Judicial

A prova pericial será requerida sempre que a verificação da verdade dos fatos denunciados nos autos do processo depender de conhecimentos técnico-científicos especializados. Como já mencionado anteriormente, a prova pericial, no caso da Ação Civil Pública, é conhecida sob a denominação de Perícia Ambiental, constituindo-se até mesmo numa área técnica específica de atuação profissional.

Apresentam-se a seguir os artigos do Código de Processo Civil pertinentes à prova pericial:

> **Art. 130.** Caberá ao juiz, de ofício ou a requerimento da parte, determinar as provas necessárias à instrução do processo, indeferindo as diligências inúteis ou meramente protelatórias.
>
> (...)
>
> **Art. 332.** Todos os meios legais, bem como os moralmente legítimos, ainda que não especificados neste Código, são hábeis para provar a verdade dos fatos em que se funda a ação ou a defesa.
>
> (...)
>
> **Art. 420.** A prova pericial consiste em *exame*, *vistoria* ou *avaliação*.
>
> **Parágrafo único.** O juiz indeferirá a *perícia* quando:
>
> I — a prova do fato não depender do conhecimento especial de técnico;
>
> II — for desnecessária em vista de outras provas produzidas;
>
> III — a verificação for impraticável.
>
> (...)
>
> **Art. 427.** O juiz poderá dispensar prova pericial quando as partes, na inicial e na contestação, apresentarem, sobre as questões de fato, pareceres técnicos ou documentos elucidativos que considerar suficientes.

f) **Saneamento do Processo**

Ato do juiz pelo qual este:

- ordena que se expurgue o processo de eventuais defeitos, vícios ou irregularidades, tais como falta de procurações ou documentos importantes para esclarecimento da lide, mudança de réu etc.
- manda que se pratiquem as diligências indispensáveis à remoção dessas falhas ou suprimento de eventuais omissões (Tarcha, 1993);
- decide quanto à prova pericial:
  — se será deferida ou não;
  — quando nomear perito de sua confiança, designando prazo para apresentação do laudo;
  — quando facultar às partes a indicação dos assistentes técnicos e formulação de quesitos;

— quando designar data e horário da audiência de instrução e julgamento.

Apresentam-se a seguir os artigos do Código de Processo Civil pertinentes aos atos do juiz quanto à prova pericial:

Art. 421. O juiz nomeará o perito, fixando de imediato o prazo para a entrega do laudo.
Parágrafo 1º Incumbe às partes, dentro de cinco (5) dias, contados da intimação do despacho de nomeação do perito:
I — indicar o assistente técnico;
II — apresentar quesitos.
Parágrafo 2º Quando a natureza do fato o permitir, a perícia poderá consistir apenas na inquirição, pelo juiz, do perito e dos assistentes, por ocasião da audiência de instrução e julgamento a respeito das coisas que houverem informalmente examinado ou avaliado.

Tais dispositivos trazem à tona a necessidade da apresentação de alguns conceitos referentes ao Perito, ao Assistente Técnico, aos Quesitos e ao Laudo Pericial.

— Perito como Auxiliar da Justiça:

Segundo o Instituto Brasileiro de Avaliação e Perícias de Engenharia — IBAPE (1994), o Perito é o profissional legalmente habilitado, idôneo e especialista, convocado para realizar uma perícia.

Na concepção jurídica, o Perito é um Auxiliar da Justiça que assessora o juiz na formação de seu convencimento quando as questões em pauta exigem conhecimentos técnicos ou científicos específicos para a elucidação dos fatos. O perito é nomeado pelo juiz, que o considera de sua confiança (Araújo, 1999).

Quanto à atuação do perito, destacam-se os seguintes artigos do Código de Processo Civil:

Art. 139. São auxiliares do juízo, além de outros, cujas atribuições são determinadas pelas normas de organização judiciária, o escrivão, o ofi-

cial de justiça, o *perito*, o depositário, o administrador e o intérprete.
(...)
Art. 145. Quando a prova do fato depender de conhecimento técnico ou científico, o juiz será assistido por perito, segundo disposto no art. 421.
Parágrafo 1º Os peritos serão escolhidos entre profissionais de nível universitário, devidamente inscritos no órgão de classe competente, respeitado o disposto no Cap. VI, seção VII, deste Código (Da Prova Pericial — Arts. 420 a 439).
Parágrafo 2º Os peritos comprovarão sua especialidade na matéria sobre que deverão opinar, mediante certidão do órgão profissional em que estiverem inscritos.
Parágrafo 3º Nas localidades onde não houver profissionais qualificados que preencham os requisitos dos parágrafos anteriores, a indicação dos peritos será de livre escolha do juiz.

— Assistente Técnico, como Auxiliar da Parte:

O Assistente Técnico é conceituado pelo IBAPE (1994) como sendo o profissional legalmente habilitado, indicado e contratado pela parte para orientá-la, assistir aos trabalhos periciais em todas as fases da perícia e, quando necessário, emitir parecer técnico.

O Código de Processo Civil refere-se ao Assistente Técnico, na forma que se segue:

Art. 422. (...). Os assistentes técnicos são de confiança da parte, não sujeitos a impedimento ou suspeição.

— Quesitos:

Quesitos são perguntas ou questões formuladas ao perito e assistentes técnicos, concernentes aos fatos da causa, que constituem o objeto da perícia.

— *originários*: são os apresentados no prazo da lei;
— *suplementares*: aqueles formulados posteriormente, mas antes da perícia;
— *intempestivos*: os formulados fora dos prazos legais;

— *elucidativos:* os apresentados em audiência para esclarecer dúvidas sobre o laudo (Tarcha, 1993).

Quanto aos quesitos, o Código de Processo Civil dispõe:

Art. 425. Poderão as partes apresentar, durante a diligência, quesitos suplementares. Da juntada dos quesitos aos autos dará o escrivão ciência à parte contrária.

Art. 426. Compete ao juiz:

I — indeferir quesitos impertinentes;

II — formular os que entender necessários ao esclarecimento da causa.

— Laudo Pericial:

Segundo Bustamante (1994), o Laudo Pericial "é o resultado da perícia expresso em conclusões escritas e fundamentadas, onde serão apontados os fatos, circunstâncias, princípios e parecer sobre a matéria submetida a exame do especialista, adotando-se respostas objetivas aos quesitos".

— Realização da Perícia

Atendidas as exigências do despacho saneador — juntada das petições das partes indicando ou não Assistente Técnico e apresentando os quesitos —, o perito e os assistentes técnicos já podem iniciar seus trabalhos para, dentro do prazo estipulado, juntar aos autos o Laudo Pericial (perito) e Parecer Técnico (assistente técnico).

g) **Audiência de instrução e julgamento**

Instruir um processo significa reunir e examinar as provas respectivas. O juiz ouvirá o autor, depois o réu, depois as testemunhas de ambos, buscando ainda conciliar as partes. Os debates orais entre os advogados das partes podem ser substituídos por memoriais ou alegações finais, escritas.

h) **Sentença**

O art. 456 do Código de Processo Civil dispõe que, encerrado o debate ou oferecidos os memoriais, o juiz proferirá a sentença desde logo ou no prazo de dez (10) dias. O juiz estuda os autos e, ao final, emite sua sentença, composta obrigatoriamente de três partes: relatório — fundamentação — dispositivo, julgando procedente ou improcedente o pedido do autor (Grandiski, 1995).

2.6. Prática Forense da Perícia Ambiental: Procedimentos e Formalidades

O profissional, ao ser nomeado pelo juiz para realizar uma Perícia Ambiental, além de sua graduação em nível superior e dos conhecimentos técnico-científicos especializados na área ambiental, deve ter conhecimento dos regulamentos já citados do Código de Processo Civil relativos à Prova Pericial e de todos os procedimentos e formalidades a que deve se submeter na Vara do Tribunal de Justiça onde foi ajuizada a Ação na qual irá atuar como Perito.

O art. 2º da Lei nº 7.347/85 (Ação Civil Pública) dispõe que as Ações por ela previstas serão propostas no foro do local onde ocorrer o dano, cujo juízo terá competência funcional para processar e julgar a causa.

Mencionou-se anteriormente que a ocorrência do dano não é essencial à propositura da Ação Civil Pública Ambiental, basta que exista a ameaça de dano, podendo o mesmo ser evitado pelo autor mediante pedido liminar formulado na petição inicial, como autorizado pelo art. 12 da lei.

Portanto, as Ações serão propostas no foro do local onde ocorrer o dano ou existir a ameaça de ocorrência do dano. Tomando como exemplo a ocorrência do dano no Município do Rio de Janeiro, o foro será o Tribunal de Justiça do Estado do Rio de Janeiro, nas Varas Cíveis ou Varas de Fazenda Pública da Comarca da Capital ou nos Fóruns Regionais de Bangu, Campo Grande, Ilha do Governador, Jacarepaguá, Madureira, Méier e Santa Cruz, caso a ocorrência seja nas respectivas localidades (Araújo, 2001a).

Ciente da Vara onde a Ação a que foi nomeado Perito encontra-se em curso, este deve ainda ter pleno conhecimento quanto aos prazos estabelecidos pelo Código de Processo Civil, relacionados com a realização da Perícia, sistematizados na tabela que se segue:

Tabela 1 — Prazos estabelecidos pelo Código de Processo Civil referentes à atuação do Perito e Assistente Técnico

PRAZOS		
PARTES	• Indicação de Assistente Técnico + • Apresentação de quesitos	5 dias contados do despacho que nomeia o perito (Art. 421)
	• Escusar-se	5 dias após o despacho de nomeação (Art. 146, p. único)
PERITO	• Entregar o laudo	prazo fixado pelo juiz (Art. 421) ou 20 dias antes da audiência (Art. 433, p. único)
ASSISTENTE TÉCNICO	• Entregar o parecer técnico	10 dias após a entrega do laudo do perito (Art. 433, p. único)
JUIZ	• Para intimar o perito e os assistentes técnicos a comparecerem à audiência	5 dias antes da mesma (Art. 535 — p. único)

Os procedimentos processuais relacionados à Perícia Ambiental envolvem, além dos atos do Perito do Juízo, os atos do próprio juiz; do advogado do autor ou do Promotor de Justiça (no caso de Ação Civil Pública) e seu assistente técnico (se indicado); do advogado do réu e seu assistente técnico (se indicado), podendo ser descritos sinteticamente na forma que se segue, destacando-se os atos do Perito do Juízo (Araújo, 1999):

a) **Atos do Advogado e/ou Promotor de Justiça (MP)**

Desenvolvimento:

— ajuíza ou contesta a ação;

— requer as provas: pericial e outras;

— indica assistente técnico;
— formula quesitos.

Requer:
— guia para depósito dos honorários do perito.

Desenvolvimento:
— comenta sobre o laudo pericial;
— requer ao Juízo, se necessário, esclarecimentos por parte do perito;
— formula quesitos para esclarecimentos.

b) **Atos do Juiz**
Despacho:
— manda citar o réu para contestar;
— manda o autor à réplica.

Despacho saneador:
— saneia o processo;
— determina realização de provas: documental, pessoal, pericial;
— nomeia perito;
— faculta indicação de assistente técnico;
— faculta formulação de quesitos.

Homologa honorários:
— manda depositar honorários do perito.

Despacho:
— defere a juntada do laudo do perito;
— defere o levantamento dos honorários depositados para o perito;
— manda as partes falarem sobre o laudo.

Despacho:
— intima o perito para esclarecimentos, se necessário;
— marca dia e hora para audiência;
— elabora sentença.

c) **Atos do Assistente Técnico**

Assessora a parte que o contratou (Advogado do Autor ou do Réu/ MP):

— na formulação de quesitação;

— mantém-se em contato com o perito e procura atendê-lo quanto ao fornecimento de informações e documentos;

— acompanha os trabalhos periciais.

Atuação:

— comenta, criticando ou não, o laudo elaborado pelo perito;

— formula quesitação, se for o caso, para esclarecimentos do perito sobre o laudo apresentado;

— encaminha, se for o caso, laudo divergente ao laudo do perito para o advogado ou Promotor de Justiça (MP).

d) **Atos do Perito**

— toma conhecimento: da nomeação pelo juiz; do tipo da ação proposta; da vara em curso do processo; do nome do escrevente; do nome das partes; do número do processo.

Ainda em relação ao Perito, destacam-se os seguintes artigos do Código de Processo Civil:

Art. 146. O perito tem o dever de cumprir o ofício, no prazo que lhe assina a lei, empregando toda a sua diligência; pode, todavia, escusar-se do encargo alegando motivo legítimo.
Parágrafo único. A escusa será apresentada dentro de cinco dias, contados da intimação ou do impedimento superveniente, sob pena de se reputar renunciado o direito a alegá-la (art. 423).
(...)
Art. 422. O perito cumprirá escrupulosamente o encargo que lhe foi cometido, independentemente de termo de compromisso. (...)
Art. 423. O perito pode escusar-se (art. 146) ou ser recusado por impedimento ou suspeição (art. 138, III); ao aceitar a escusa ou julgar procedente a impugnação, o juiz nomeará novo perito.

Art. 424. O perito pode ser substituído quando:

I — carecer de conhecimento técnico ou científico;

II — sem motivo legítimo, deixar de cumprir o encargo no prazo que lhe foi assinado.

Parágrafo único. No caso previsto no inciso II, o juiz comunicará a ocorrência à corporação profissional respectiva, podendo, ainda, impor multa ao perito, fixada tendo em vista o valor da causa e o possível prejuízo decorrente do atraso no processo.

— Retira os autos do Cartório para formular pedido de honorários baseando-se no conteúdo da ação e nos quesitos formulados pelas partes.
— Devolve os autos ao Cartório juntamente com a petição de aceitação da incumbência e o pedido de honorários.

Quanto aos honorários do Assistente Técnico e do Perito, destaca-se o seguinte dispositivo do Código de Processo Civil:

Art. 33. Cada parte pagará a remuneração do assistente técnico que houver indicado; a do perito será paga pela parte que houver requerido o exame ou pelo autor, quando requerido por ambas as partes ou determinado de ofício pelo juiz.

— Caso o juiz venha a impugnar o pleito de honorários, o perito retira os autos do Cartório e apresenta petição de justificativa de honorários, requerendo a manutenção ou alteração do valor pleiteado.
— Acompanha a efetivação do depósito de honorários. No caso da Ação Civil Pública, o pagamento de honorários ocorre após a sentença, conforme o art. 18 da Lei 7.347/85.
— Retira os autos para a realização da perícia.
— Se necessário, solicita documentos que estejam em poder das partes ou em repartições públicas, busca informações e testemunhas importantes à elucidação das questões levantadas nos autos.
— Marca dia e hora da vistoria ao objeto da lide e comunica aos Assistentes Técnicos das partes.

— Procede à vistoria ao local da lide, em companhia ou não dos Assistentes Técnicos das Partes — descreve, fotografa etc.

A fundamentação do Laudo Pericial e a responsabilidade do perito sobre as informações prestadas por ele são tratadas, respectivamente, nos arts. 429 e 147 do Código de Processo Civil, na forma que se segue:

Art. 429. Para o desempenho de sua função, podem o perito e os assistentes técnicos utilizar-se de todos os meios necessários, ouvindo testemunhas, obtendo informações, solicitando documentos que estejam em poder de parte ou em repartições públicas, bem como instruir o laudo com plantas, desenhos, fotografias e outras quaisquer peças.

Art. 147. O perito que, por dolo ou culpa, prestar informações inverídicas responderá pelos prejuízos que causar à parte, ficará inabilitado por dois (2) anos a funcionar em outras perícias e incorrerá na sanção que a lei penal estabelecer.

— Elabora e envia a minuta do laudo aos Assistentes Técnicos, estipulando cinco dias úteis para a resposta.
— Elabora o laudo pericial, acatando ou não as sugestões dos Assistentes Técnicos.
— Recolhe o imposto de renda e ART (Anotação de Responsabilidade Técnica).
— Devolve os autos ao cartório, requerendo a juntada do laudo pericial aos autos e o levantamento dos honorários depositados. No caso da Ação Civil Pública, o pagamento de honorários ocorre após a sentença, conforme o art. 18 da Lei 7.347/85.

Quanto à apresentação do Laudo Pericial pelo Perito e do Parecer Técnico pelo Assistente Técnico, destacam-se os seguintes dispositivos do Código de Processo Civil:

Art. 432. Se o perito, por motivo justificado, não puder apresentar o laudo dentro do prazo, o juiz conceder-lhe-á, por uma vez, prorrogação, segundo o seu prudente arbítrio.

Art. 433. O perito apresentará o laudo em cartório, no prazo fixado pelo juiz, pelo menos vinte dias antes da audiência de instrução e julgamento.
Parágrafo único. Os assistentes técnicos oferecerão seus pareceres no prazo comum de dez dias após a apresentação do laudo, independentemente da intimação.

— Após a análise do laudo pelo juiz e pelas partes, caso solicitem esclarecimentos sobre o mesmo, retira os autos do Cartório e dá cumprimento ao despacho.

O Código de Processo Civil apresenta o seguinte dispositivo, quanto ao pedido de esclarecimento formulado pelo Autor e/ou pelo Réu, ao Perito e ao Assistente Técnico, sobre o respectivo Laudo Pericial e/ou Parecer Técnico:

Art. 435. A parte que desejar esclarecimento do perito e do assistente técnico requererá ao juiz que mande intimá-lo a comparecer à audiência, formulando desde logo as perguntas sob forma de quesitos.
Parágrafo único. O perito e o assistente técnico só estarão obrigados a prestar os esclarecimentos a que se refere este artigo quando intimados cinco (5) dias antes da audiência.

— Devolve os autos ao Cartório, requerendo a juntada dos esclarecimentos.

Quanto à apreciação do Laudo Pericial pelo juiz e à possibilidade de determinação de uma segunda perícia, o Código de Processo Civil apresenta os seguintes dispositivos:

Art. 436. O juiz não está adstrito ao laudo pericial, podendo formar a sua convicção com outros elementos ou fatos provados nos autos.

Art. 437. O juiz poderá determinar, de ofício ou a requerimento da parte, a realização de nova perícia, quando a matéria não lhe parecer suficientemente esclarecida.

Art. 438. A segunda perícia tem por objeto os mesmos fatos sobre que recaiu a primeira e destina-se a corrigir eventual omissão ou inexatidão dos resultados a que esta conduziu.

Art. 439. A segunda perícia rege-se pelas disposições estabelecidas para a primeira.
Parágrafo único. A segunda perícia não substitui a primeira, cabendo ao juiz apreciar livremente o valor de uma e outra.

— Pega o mandado de pagamento dos honorários com o escrevente responsável pelos autos, dá entrada no banco autorizado, aguarda o prazo estipulado pelo banco e retira o dinheiro. No caso da Ação Civil Pública, o pagamento de honorários ocorre após a sentença, conforme o art. 18 da Lei 7.347/85.

A participação do Perito nos autos do processo se configura pelas petições direcionadas ao juiz, dando cumprimento aos despachos que lhe são dirigidos, manifestando-se quanto a qualquer solicitação, encaminhando os produtos de sua atuação pericial, prestando esclarecimentos sobre a perícia realizada etc. As petições usuais são, portanto, as que se seguem:

— aceitação da incumbência e pedido de honorários;
— justificativa de honorários, em caso de impugnação pelas partes;
— juntada do Laudo Pericial aos autos do processo e requerimento de mandado de pagamento dos honorários;
— juntada de esclarecimentos, se necessário.

3. Dano Ambiental

A abordagem do tema dano ambiental, no contexto da Perícia Ambiental, exige que se estabeleça, de início, seu vínculo com a implementação da Ação Civil Pública Ambiental, que, por sua vez, vincula-se ao fundamento jurídico representado pela responsabilidade civil objetiva por danos causados ao ambiente, qual seja: "... é o poluidor obrigado, independentemente da existência de culpa, a indenizar ou reparar os danos causados ao meio ambiente e a terceiros, afetados por sua atividade" (Lei nº 6.938/81, em seu art. 14, § 1º) (FEEMA, 1992).

Segundo Tostes (1998), a partir do advento da Lei da Ação Civil Pública, a situação da responsabilidade dos agressores do meio ambiente muda radicalmente, pois, mesmo que não tenha havido intenção de dano e que este tenha sido sem querer, bastam a comprovação de sua existência e a identificação de seu causador para que ele seja responsabilizado e obrigado a reparar e/ou indenizar. Essa responsabilidade, que independe da vontade do causador, mas que se prende aos efeitos de seus atos, é chamada de responsabilidade objetiva.

A definição legal da expressão *dano ambiental* não existe de forma explícita na legislação ambiental. No entanto, pelo teor do art. 3º, incisos II e III, da Lei nº 6.938, de 31/8/81 (Política Nacional do Meio Ambiente), pode-se considerar que essa definição encontra-se implícita na conjugação dos conceitos de degradação da qualidade ambiental e poluição, na forma que se segue, citando-se também, por correlação, o conceito de poluidor:

> "**Art. 3º** — Para os fins previstos nesta lei, entende-se por:
>
> II — **degradação da qualidade ambiental**, a alteração adversa das características do meio ambiente;
>
> III — **poluição**, a degradação da qualidade ambiental resultante da atividade que direta ou indiretamente:
>
> a) prejudique a saúde, a segurança e o bem-estar da população;
> b) crie condições adversas às atividades sociais e econômicas;
> c) afete desfavoravelmente a biota;
> d) afete as condições estéticas ou sanitárias do meio ambiente;
> e) lance matérias ou energia em desacordo com os padrões ambientais estabelecidos;
>
> IV — **poluidor**, a pessoa física ou jurídica, de direito público ou privado, responsável, direta ou indiretamente, por atividade causadora de degradação ambiental; (...)

A fim de que sejam identificados e quantificados os tipos de danos ambientais levados a juízo, tendo em vista constituírem o principal objetivo da Perícia Ambiental, recorre-se aos resultados de uma pesquisa realizada por Araújo (2001b), no Município do Rio de Janeiro, junto ao Ministério Público Estadual, que, por meio de seu órgão ambiental, tem o dever constitucional (art. 129, inciso III, da CF) de implementar a Ação Civil Pública Ambiental e presidir o Inquérito Civil.

A autora procedeu ao levantamento de todas as Ações Civis Públicas Ambientais de titularidade do MP, no Município do Rio de Janeiro, no período compreendido entre o ano de 1986 e o mês de junho de 1999, resultando num total de 123 Ações, das quais se destacaram 52 Ações com deferimento de Perícia Ambiental, para compor o universo amostral da pesquisa, classificando-as segundo as categorias de atividades lesivas das quais decorreram os danos ambientais apontados pelo MP, ao relatar os fatos na petição inicial dessas Ações.

O conjunto de atividades das quais decorreram as ameaças e/ou danos ambientais, objeto das 52 Ações Civis Públicas Ambientais pesquisadas, é assim constituído: (a) atividades diversas (clubes, lojas comerciais, garagens de ônibus, templos religiosos, centros culturais, ginásios de esportes), (b) empreendimentos imobiliários, (c) exploração mineral, (d) obras públicas, (e) esgotamento sanitário, (f) ocupação irregular do solo urbano, (g) atividades industriais, (h) uso irregular de produtos tóxicos e (i) disposição final do lixo.

Os danos ambientais e/ou ameaças englobaram a poluição sonora, lesão ao ecossistema natural (danos à fauna e flora, poluição hídrica, poluição atmosférica) e lesão ao patrimônio cultural (de valores histórico, paisagístico e urbanístico).

Esse resultado possibilitou uma visão panorâmica dos tipos de atividades lesivas das quais decorrem os danos ambientais levados a Juízo, bem como do campo técnico da Perícia Ambiental no Município do Rio de Janeiro, pois os riscos e/ou a ocorrência de danos ambientais relatados na petição inicial dos autos do processo constituem o motivo da Ação Judicial e objetivo da perícia, apresentando as primeiras questões específicas a serem investigadas, provadas ou esclarecidas, posteriormente, pelo perito no curso de realização da perícia.

Tendo em vista o panorama do campo técnico da Perícia Ambiental no Município do Rio de Janeiro, por meio do estudo das 52 Ações Civis

Públicas Ambientais já mencionado, verificou-se, empiricamente, uma significativa demanda de conhecimentos da área da Geomorfologia, como, por exemplo, no que se refere à erosão dos solos como uma das principais causas de degradação ambiental advinda dos tipos de atividades lesivas classificadas.

A Geomorfologia, por possuir papel integrador na busca da compreensão dos processos de evolução do relevo e dos impactos causados pela ação antrópica, tem dado uma contribuição relevante no diagnóstico da degradação ambiental, bem como tem apontado soluções para resolver esses problemas.

Os solos, que são a parte mais externa de relevo, acumulam toda sorte de danos, em função de não se levarem em conta, na maioria das vezes, os riscos associados à sua utilização (Lima-e-Silva, *et al.*, 2000).

Constatou-se que, das atividades lesivas das quais decorreram os danos ambientais denunciados, os empreendimentos imobiliários (nas encostas), a exploração mineral (granito e areia) e a ocupação irregular do solo urbano (construções irregulares em encostas) são os que mais provocam danos ao solo, pois implicam de uma maneira geral:

— desmatamento visando ao preparo e limpeza do terreno para a construção e/ou urbanização (regular e irregular) ou exploração mineral, desestabilizando encostas e suprimindo espécies vegetais com descaracterização da paisagem;
— escavações do solo, desestabilizando encostas e alterando a topografia;
— corte de pedras, obstruindo cursos d'água;
— depósito de rejeitos de lavra, obstruindo cursos d'água ou desestabilizando encostas.

Vale ressaltar que a atividade de exploração mineral, que em outros lugares é normalmente desenvolvida fora do perímetro urbano, como no caso do Rio de Janeiro, agride a paisagem urbana, pois os maciços rochosos explorados e demais áreas de lavra são parte da paisagem da cidade, compondo um patrimônio paisagístico de rara beleza e de grande biodiversidade, destacando-se a Floresta da Tijuca, considerada a maior floresta urbana do mundo.

A atividade mineral é altamente impactante e alteradora do meio ambiente, gerando profundas modificações no meio físico e, por isso, o minerador tem a obrigação de utilizar racionalmente os bens minerais, por meio de um Plano de Controle Ambiental, sendo de sua exclusiva responsabilidade as medidas para recuperação da área degradada pela mineração, exigidas e acompanhadas pelos órgãos públicos. Entretanto, tal responsabilidade é bastante negligenciada e as áreas são quase sempre abandonadas após a exploração, ficando em estado crítico de degradação.

Dentre os danos advindos de tais atividades na área urbana, destacam-se os processos erosivos, pois os solos erodem não apenas em decorrência da chuva, mas também porque foram desmatados ou utilizados de maneira incorreta. Portanto, tais processos não são meramente físicos, mas também socioeconômicos.

Segundo Guerra *et al.* (1996), para compreender os processos erosivos devem ser levados em consideração os fatores controladores que determinam as variações nas taxas de erosão, tais como erosividade da chuva (total pluviométrico, intensidade e energia cinética), propriedades dos solos (textura, densidade aparente, porosidade, teor de matéria orgânica, teor e estabilidade de agregados e pH do solo), cobertura vegetal, características das encostas (declividade, comprimento e forma), uso e manejo do solo (atuação antrópica) e, ainda, o reconhecimento das principais formas erosivas, tais como a erosão em lençol, ravinas e voçorocas, e o papel dos escoamentos superficial e subsuperficial.

A urbanização contribui para acelerar os processos de erosão do solo e, como foi mencionado, algumas atividades mostram-se potencialmente lesivas, passíveis de deflagrar estes processos, na medida em que implicam desmatamentos e ocupação descontrolada das encostas (execução de empreendimentos imobiliários, ocupação irregular do solo urbano e exploração mineral).

Mota (1981) observa que os processos erosivos na área urbana ocorrem com maior freqüência em áreas com grande declive ou quando o processo de urbanização ainda está se desenvolvendo, sendo que nesse último caso ocorrem:

a) um grande aumento do volume de escoamento superficial de água devido a:

— remoção da cobertura vegetal protetora;
— exposição do subsolo de formações geológicas menos permeáveis e/ou mais sujeitas à erosão do que o solo original da superfície;
— redução na capacidade dos solos de absorver as águas da chuva, devido à compactação causada por equipamentos pesados;
— aumento das áreas de drenagem, causado pelas operações de nivelamentos, desvio e de construção de vias;
— prolongada exposição de áreas preliminarmente preparadas para a construção (limpeza do terreno) e desprotegidas pela ausência de vegetação, devido a problemas de programação e/ou dilatação das obras de construção;
— redução do tempo de concentração do escoamento superficial, causada por alterações na declividade, na distância ou na rugosidade das superfícies;
— aumento das superfícies impermeáveis, associado com a construção de vias, prédios, calçadas, estradas e áreas de estacionamento;

b) alteração no regime da água subterrânea, afetando adversamente os sistemas de drenagem, a estabilidade de encostas e a sobrevivência de vegetação existente ou recém-plantada;
c) exposição de materiais subsuperficiais com características rochosa, ácida ou seca ou, de algum modo, não favorável ao desenvolvimento de vegetação;
d) alterações adversas dos sistemas naturais de drenagem da água superficial, como resultado de construções e outras obras próprias do processo de desenvolvimento.

Ainda no âmbito das Ações Civis Públicas referentes a danos ambientais decorrentes de empreendimentos imobiliários, da exploração mineral e da ocupação irregular do solo urbano constatou-se a inter-relação dos processos erosivos com as modificações adversas na rede de drenagem, demandando, nesses casos, conhecimentos específicos da área da Geomorfologia Fluvial Antrópica.

Nessa área destacam-se, também, os casos referentes a danos ambientais decorrentes da deficiência no sistema de esgotamento sanitário, dentre os quais a poluição hídrica, pois a deficiência desse sistema provoca o despejo de efluentes *in natura* nos corpos d'água, bem como o acúmulo de lixo.

A inter-relação entre os processos erosivos e as alterações na rede de drenagem se evidencia, quando Mota (1981) aponta as principais conseqüências da erosão no meio urbano, que são:

— obstrução de cursos d'água, aumentando as possibilidades da ocorrência de inundações e causando prejuízos à navegação;
— redução da capacidade de armazenamento de água em reservatórios, prejudicando o abastecimento público e industrial, a prática de recreação ou de outro uso;
— alteração na qualidade da água, influindo na elevação do custo do tratamento quando a mesma é utilizada para abastecimento público e industrial;
— alterações ecológicas no ambiente aquático. A mudança na cor da água ou a deposição de materiais no fundo de reservatórios ou cursos d'água podem causar reduções nos tipos e quantidades de organismos aquáticos;
— modificações na estrutura natural do solo, provocando deslizamentos, rachaduras, fendas e outros efeitos que exigem obras de engenharia, às vezes onerosas, para reparos.

São, portanto, tipos de danos a serem diagnosticados, mensurados e valorados no âmbito da realização de Perícias Ambientais, em que se faz imprescindível a contribuição da Geomorfologia, principalmente nos seguintes aspectos:

— diagnóstico das áreas afetadas, objeto de perícia, ou seja, levantamentos referentes a aspectos físicos, bióticos e humanos, em especial quanto aos diversos aspectos geomorfológicos do ambiente, tais como: morfologia, propriedades do solo, processos e níveis de erosão e/ou sedimentação, declividade, cobertura vegetal, uso e manejo do solo e a atividade antrópica que deu origem à degradação;
— prognóstico quanto aos riscos ou agravamento de processos erosivos identificados nas áreas afetadas;
— valoração dos danos ambientais associados aos processos erosivos

identificados, mais precisamente quanto ao custo de recuperação das áreas degradadas, ou valor de indenização, caso não seja possível a recuperação;

— quantificação das características ambientais em espaço e tempo, da área afetada, representada em mapas, perfis, croquis, fotos terrestres e aéreas, e recursos de geoprocessamento.

4. Aspectos Técnicos da Perícia Ambiental

Os aspectos técnicos, abrangendo alguns procedimentos metodológicos, permearam os itens anteriores no âmbito jurídico, sendo que no presente item pretende-se fazer uma complementação mais voltada para o objeto da perícia, constituído pelo dano ambiental.

Os casos de danos ambientais ou riscos de ocorrência de danos levados a juízo, pela via da Ação Civil Pública Ambiental, podem demandar uma perícia ambiental bastante simples ou complexa em função das características do evento a ser periciado.

De uma maneira geral, a Perícia Ambiental relativa a danos deve contemplar um diagnóstico, avaliação e/ou prognóstico, valoração e/ou dimensionamento de material ou de pessoal, cálculos finais de indenização e/ou reparação (Diniz, 1997).

De forma resumida, a Perícia Ambiental compreende os seguintes objetivos quanto a três elementos fundamentais no âmbito da Ação Civil Pública Ambiental:

DANO (ameaça/ocorrido): caracterizar / mensurar / valorar;
ATIVIDADE LESIVA: caracterizar / enquadramento legal;
NEXO CAUSAL: entre o dano e a atividade do Réu.

Quanto aos aspectos metodológicos, podem ser esboçados os principais procedimentos na realização de uma perícia, tomando-se como exemplo uma perícia referente à poluição sonora.

Os principais procedimentos técnicos do Perito do Juízo podem ser descritos na forma que se segue:

— Leitura completa e criteriosa dos autos do processo, visando à:

- preparação para vistoria: análise da quesitação;
- identificação dos Assistentes Técnicos das partes para solicitação de informações, documentos, projetos etc. e para marcar data e hora da vistoria ao local da lide;

— Levantamentos preliminares:

- legislação (urbanística/ambiental/específica) -> zoneamento/ruídos;
- Certidão de Informações sobre os parâmetros urbanísticos (zoneamento) e edifícios do local — Prefeitura/Região Administrativa.

— Vistoria ao local da lide:

- localização e descrição física dos imóveis (fonte do ruído/vítima do ruído);
- caracterização da área do entorno;
- descrição das atividades desenvolvidas (comercial/residencial) apontando as formas de poluição constatadas em decorrência das mesmas;
- verificação do horário em que as atividades são desenvolvidas;
- estimativa do número de pessoas direta e indiretamente atingidas pela poluição;
- quantificação do número de funcionários dos estabelecimentos réus;
- medições dos níveis de ruído;
- registro fotográfico dos locais da fonte de ruídos e do entorno afetado;
- croquis.

— Laudo pericial:

- requerimento de juntada do laudo aos autos do processo e solicitação dos honorários periciais;
- identificação processual;
- histórico;

- relatório da vistoria: descrições gerais e descrição do imóvel da lide;
- parecer conclusivo: resposta aos quesitos (análise dos dados coletados no local/resultado das medições dos níveis de ruído/correlação com a legislação específica/fundamentação técnica etc.).

A metodologia para estudos de impactos ambientais também pode ser aplicada à Perícia Ambiental, desde que adaptada proporcionalmente para cada caso. Seguindo essa metodologia, Diniz (1997) propõe um roteiro metodológico, objetivando imprimir à realização da perícia uma visão com larga amplitude para o estudo e análise do dano ambiental.

O referido roteiro é proposto pelo mesmo autor, na forma que se segue:

1 — Localização geográfica (espacial);

2 — Tipo de finalidade da área afetada pelo dano:

- propriedade particular;
- empreendimento comercial ou outra finalidade;
- histórico do empreendimento;
- atividades desenvolvidas.

3 — Descrição da extensão geográfica da área afetada pelo dano;

4 — Aspectos legais e institucionais;

5 — Diagnóstico da área afetada:

- diagnóstico da área afetada deverá abranger os meios físico, biótico e antrópico.

5.1 — Meio físico:

- diagnóstico do meio físico deverá contemplar o conjunto total ou parcial da área afetada pelo dano.

5.1.1 — Aspectos climáticos e condições meteorológicas:

- este segmento deverá abranger o tipo de clima e condições meteorológicas, tais como:

— vento;

— temperatura;

— umidade do ar;
— balanço hídrico do solo;
— pluviometria (distribuição anual de chuvas).

5.1.2 — Aspectos da qualidade do ar:

- neste item, pode-se incluir a verificação da existência de poluentes atmosféricos e análises físicas e químicas das águas pluviais.

5.1.3 — Aspectos geológicos:

- deverá ser feito um estudo ou esboço da geologia regional e local que apresente a litologia, fraturamentos e condições geotécnicas ou outro aspecto necessário.

5.1.4 — Geomorfologia:

- neste item deverão ser, no mínimo, contemplados:
  — formas de relevo regional e local (colina, morro, etc.)
  — localização da área afetada na forma de relevo e compartimento deste (topo, pendente e sopé).

5.1.5 — Aspectos de solos (locais e regionais):

- classes de solos (nomenclaturas empíricas e técnico-científicas);
- aspectos da capacidade agrícola potencial para aproveitamento (classes de capacidade de uso das terras e/ou vocação cultural).

5.1.6 — Aspectos dos recursos hídricos:

- Os recursos hídricos deverão ser estudados por meio de vários itens:

a) águas de superfície:
  - rede hidrográfica (extensão e dimensão);
  - vazões.

b) águas subterrâneas (hidrogeologia):
  - deverão ser caracterizados os aqüíferos pela localização geológica, profundidade, dimensão, características físico-químicas e condições de exploração destes aqüíferos.

c) qualidade das águas;

d) uso das águas:

- é importante caracterizar os diferentes usos das águas, tais como:
- irrigação;
- abastecimento doméstico e/ou industrial;
- área de despejos;
- pesca e recreação;
- preservação da fauna e flora;
- navegação.

5.2 — Meio biótico:

- conhecimento do meio biótico deve abranger estudos da flora e fauna dos ecossistemas afetados, tais como:
- ecossistemas terrestres (cobertura vegetal, fauna terrestre e avifauna);
- ecossistemas aquáticos (caracterização do ambiente aquático, flora e fauna aquáticas);
- cadeias tróficas.

5.3 — Meio antrópico:

- diagnóstico do meio antrópico deve abranger a caracterização das pessoas envolvidas e suas inter-relações com a área em estudo, sendo, para tanto, necessários os seguintes estudos:
- número de pessoas afetadas;
- uso e ocupação do solo;
- uso atual da área;
- infra-estrutura existente local e regional (estradas, abastecimento de água, condições de saneamento, áreas de valores histórico, ambiental e cultural, e outros);
- nível de vida — este deverá ser enfocado em nível regional, e sua influência em relação à área afetada engloba os seguintes tópicos:
- ocupação e relação de trabalho;
- educação (nível escolar, oferta de recursos e programas educacionais existentes);
- saúde (mortalidade, morbidade, endemias, recursos institucionais e médicos);
- tipo de alimentação e sua origem; lazer, turismo e cultura;

- condições habitacionais e relação com a infra-estrutura;
- cadeia produtiva e a inter-relação com a área afetada (tipo de produção, valor de produção, nível tecnológico, mão-de-obra, relações comerciais etc.)
- organização social (forças sociais e políticas, lideranças e suas relações com a área afetada).

Diniz (1997) indica ainda os materiais utilizados para avaliação de danos ambientais:

- Pesquisa bibliográfica:
  — devem-se analisar os dados existentes, que abrangem bibliografia técnico-científica, levantamentos estatísticos, legislação ambiental etc.

- Material cartográfico:
  — a realização do diagnóstico ambiental deve, necessariamente, utilizar materiais cartográficos disponíveis em diversas escalas. Estes materiais são os existentes em fontes oficiais ou devem ser confeccionados quando necessário. Os materiais cartográficos servem para medições e valoração de danos.

- Fotografias aéreas convencionais e sensoriamento remoto:
  — além das ilustrações fotográficas devem ser utilizadas, quando necessário, fotografias aéreas convencionais, que existem em várias escalas e datas de vôo e têm caráter oficial.
  — sensoriamento remoto, dependendo do tipo de avaliação e escala de trabalho, pode ser utilizado e representa importante e útil ferramenta, tanto para diagnósticos como para medições e avaliações, principalmente de recursos naturais. Como é sabido, os diversos satélites ligados ao sensoriamento fornecem imagens periódicas do globo terrestre. Devem ser considerados os diversos recursos de informática e de imagens digitalizadas disponíveis para trabalho.

- Análises de laboratório:
  - — sempre que necessário, deve-se utilizar toda a gama de análises laboratoriais físicas e químicas, sejam simples ou sofisticadas.

Quanto à valoração de danos ambientais, buscam-se os conceitos e métodos desenvolvidos no âmbito da Economia Ecológica, adequando-os aos casos em que faz parte da Perícia Ambiental a valoração de danos para efeito de indenização e/ou recuperação do ambiente degradado.

5. Conclusões

Evidencia-se o fato de que a Perícia Ambiental é de fundamental importância na elucidação das questões ambientais levadas a juízo, pois o julgador dos conflitos submetidos à apreciação jurisdicional só poderá promover a justiça, se técnica e cientificamente bem assistido nas áreas de conhecimento que fogem de sua competência e habilitação.

Há que se considerar que o ajuizamento de uma Ação Civil Pública Ambiental ou de qualquer outro tipo de Ação Coletiva de defesa do ambiente não é um simples procedimento de acato a uma denúncia ou representação, sem elementos de comprovação da ocorrência ou ameaça de danos ambientais, posto ser um instrumento de tutela jurisdicional a mobilizar e onerar toda uma estrutura material e funcional por um longo período de tempo, tanto por parte do Ministério Público quanto por parte do Poder Judiciário (Araújo, 2001a).

Embora a Perícia Ambiental tenha como objetivo a elucidação técnica no âmbito dos conflitos ambientais locais, levados a juízo, posto que a Ação Civil Pública Ambiental é ajuizada no local onde ocorreu ou existe a ameaça de danos, o seu papel como instrumento de auxílio à Justiça nas demandas que envolvem a defesa do ambiente é bastante amplo, sendo que tais demandas judiciais têm crescido consideravelmente, na medida em que a sociedade se conscientiza de que a agressão ambiental não pode permanecer impune e que já conta com um poderoso instrumento processual de acesso à Justiça, representado pela Lei Federal 7.347/85, que instituiu a Ação Civil Pública.

A magnitude social da defesa do meio ambiente lança um desafio a todas as áreas de atuação profissional, cujo principal objetivo esteja relacionado com a preservação dos bens ambientais, no sentido da evolução, pelo aprimoramento contínuo dos aspectos teóricos, conceituais, técnicos e éticos, das atividades envolvidas, incluindo-se nesse processo a Geografia e, mais especificamente, a Geomorfologia.

A Geomorfologia é de grande importância para a área de conhecimento técnico da Perícia Ambiental, principalmente no que se refere ao diagnóstico ambiental das áreas afetadas, áreas cujo objetivo é o de Ações Civis Públicas referentes a danos ambientais decorrentes de empreendimentos imobiliários (nas encostas), de exploração mineral (granito e areia) e da ocupação irregular do solo urbano (construções irregulares em encostas e faixas marginais de rios).

O diagnóstico das áreas afetadas, objeto de perícia, envolve o levantamento dos aspectos físicos, em especial quanto aos diversos aspectos geomorfológicos do ambiente, tais como: morfologia, propriedades do solo, processos e níveis de erosão e/ou sedimentação, declividade, cobertura vegetal, uso e manejo do solo e a atividade antrópica que deu origem à degradação.

Ainda no campo da Geomorfologia, a Perícia Ambiental poderá demandar prognósticos quanto aos riscos ou agravamento de processos erosivos identificados nas áreas afetadas; a valoração dos danos ambientais associados aos processos erosivos identificados, mais precisamente quanto ao custo de recuperação das áreas degradadas, ou valor de indenização, caso não sejam possíveis a recuperação e a quantificação das características ambientais em espaço e tempo, da área afetada, utilizando-se dos recursos de geoprocessamento.

O esforço de se proteger o ambiente e solucionar os conflitos que, na maioria das vezes, resultam num alto custo ambiental e social tem demandado, nos últimos anos, a elaboração de teorias, princípios, métodos e instrumentos inovadores, tanto na área do direito quanto nas diversas áreas do conhecimento relacionadas com a questão ambiental.

A partir da contextualização jurídica e técnica da Perícia Ambiental, desenvolvida no presente capítulo, indicam-se a necessidade de uma adequação das normas à natureza multidisciplinar dessa modalidade de perícia e o desenvolvimento de um quadro conceitual mais definido que abarque, de forma mais satisfatória, a complexidade do dano ambiental.

6. *Referências Bibliográficas*

ARAÚJO, L. A. de (1999). Perícia Ambiental em Ações Civis Públicas. *In*: S. B. CUNHA & A. J. T. GUERRA (orgs.): *Avaliação* e *Perícia Ambiental.* Rio de Janeiro: Bertrand Brasil, pp. 215-173.

______ (2001b). Danos Ambientais na Cidade do Rio de Janeiro. *In*: S. B. CUNHA & A. J. T. GUERRA (orgs.): *Impactos Ambientais Urbanos no Brasil.* Rio de Janeiro: Bertrand Brasil, pp. 215-173.

______ (2001a). *Ação Civil Pública Ambiental.* Rio de Janeiro: Lumen Juris, 281 pp.

BENJAMIN, A. H. V. (1993). Função Ambiental. *In*: A. H. V. BENJAMIN (org.): *Dano Ambiental, Prevenção, Reparação e Repressão.* São Paulo: Revista dos Tribunais, pp. 82-9.

BUSTAMANTE, R. S. (1994). *A Prova Pericial de Engenharia no Processo Cível — Fundamentos e Prática.* Rio de Janeiro: Editora Forense, 154 pp.

CUSTÓDIO, H. B. (1993). A Questão Constitucional: Propriedade, Ordem Econômica e Dano Ambiental. Competência Legislativa Concorrente. *In*: A. H. V. BENJAMIN (org.): *Dano Ambiental, Prevenção, Reparação e Repressão.* São Paulo: Editora Revista dos Tribunais, pp. 143-145.

DINIZ, J. (1997). *Perícia Ambiental: aspectos agronômicos.* São Paulo, IX COBREAP, 16 pp. (Apostila).

FILHO, J. S. C. (1999). *Ação Civil Pública: comentários por artigo, Lei 7.347, de 24.07.85.* (2ª ed. rev., ampl., at.) Rio de Janeiro: Editora Lumen Juris, 465 pp.

FIORILLO, C. A., RODRIGUES, M. A. & NERY, R. M. A. (1996). *Direito Processual Ambiental Brasileiro.* Belo Horizonte: Livraria Del Rey Editora, 279 pp.

GRANDISKI, P. (1995). *Curso de Perícias Judiciais.* Florianópolis: VIII COBREAP, 77 pp. (apostila).

GUERRA, A. J. T. & CUNHA, S. B. (org.) (1996). *Geomorfologia: uma atualização de bases e conceitos.* Rio de Janeiro: Bertrand Brasil, 472 pp.

GUERRA, I. F. (1997). *Ação Civil Pública e Meio Ambiente.* Rio de Janeiro: Forense, 104 pp.

IBAPE (1994). *Glossário de Terminologia Básica Aplicável à Engenharia de Avaliações e Perícias.* São Paulo.

LIMA-E-SILVA, P. P., GUERRA, A. J. T. & DUTRA, L. E. D. (2000). Subsídios para Avaliação Econômica de Impactos Ambientais. *In*: S. B. CUNHA & A. J. T. GUERRA (orgs.): *Avaliação e Perícia Ambiental.* (2ª ed.). Rio de Janeiro: Bertrand Brasil, pp.261-217.

MACHADO, P. A. L. (1982). *Direito Ambiental Brasileiro.* (1ª ed.). São Paulo: Editora RT.

MILARÉ, E. (1993). Processo Coletivo Ambiental. *In*: A. H. V. BENJAMIN (org.): *Dano Ambiental, Prevenção, Reparação e Repressão.* São Paulo: Editora Revista dos Tribunais, pp. 257-277.

MOTA, S. (1981). *Planejamento Urbano e Preservação Ambiental.* Fortaleza: Edições UFC, 242 pp.

ROSA, P. S. (1998). A Responsabilidade Objetiva do Causador do Dano Ambiental. Extensão do Dano Ambiental e Sua Avaliação e a Prova Pericial: o Perito, os Assistentes Técnicos. *In*: E. VELASCO (org.): *Curso Prático de Perícias e Auditorias de Engenharia Ambiental.* Rio de Janeiro: Brandi, pp. 261-268 (Apostila).

SILVA, J. A da (1994). *Direito Ambiental Constitucional.* (2ª ed. rev. aum.) São Paulo: Malheiros Editores, 243 pp.

TARCHA, J. (1993). *Aspectos Jurídicos da Perícia de Engenharia.* São Paulo, 106 pp. (Apostila).

TOSTES, A. & NEVES, E. (1998). *Meio Ambiente: a Lei em suas mãos.* Petrópolis: Editora Vozes, 87 pp.

CAPÍTULO 5

TURISMO SUSTENTÁVEL: PLANEJAMENTO E GESTÃO

Lília Seabra

1. Introdução

O turismo é o fenômeno econômico mais expressivo nas últimas décadas. Do ponto de vista econômico, é superado apenas pela indústria automobilística. Dados estatísticos recentes da *World Travel Tourism Council* (*WTTC*) revelam que a atividade faturou, no ano de 1999, 4,5 trilhões de dólares e gerou 192 milhões de empregos em todo o mundo.

Frente ao crescimento acelerado da atividade em muitos países, o turismo vem se apresentando como a mais importante fonte de renda, constituindo-se, em potencial, como forte aliado no combate à pobreza. Entretanto, independentemente dos impactos positivos, advindos do turismo, na economia de muitas nações, problemas socioambientais e impactos negativos nas culturas das comunidades receptoras se ampliam, comprometendo a qualidade de vida e do ambiente. A falta de planejamento e gestão sustentáveis das áreas turísticas faz da visita uma aventura, colocando a conservação de importantes patrimônios aos desejos da sorte.

O forte crescimento da atividade, repercutindo no ambiente, na vida econômica, social e cultural das áreas receptoras, gerando impactos de qualidade e quantidade diversos, colocou o turismo, nos últimos tempos, como tema prioritário na pauta de preocupações de planejadores, acadêmicos e gestores de políticas públicas, interessados na temática. Cresce, assim, em todo o mundo a urgente necessidade do planejamento e da gestão das atividades turísticas sob as premissas da sustentabilidade, cuidadosos com os limites impostos pelo meio natural e atentos aos desejos das comunidades receptoras e de turistas.

Embora as idéias contidas no turismo sustentável ainda estejam em processo de construção, seja no aspecto teórico-conceitual, seja no aspecto das estratégias e ações implementadas, há hoje uma consciência crescente da importância de pensar e agir em prol do turismo sustentável, com vistas a minimizar os impactos negativos e maximizar aqueles que apontem para os caminhos da conservação do meio ambiente e da justiça social.

O capítulo em curso pretende ser, assim, uma contribuição nas discussões em torno do planejamento e da gestão sustentável da atividade turística, ainda prematuras, no âmbito da academia e das políticas públicas.

O item 2 apresenta um histórico do turismo, no mundo e no Brasil, com a intenção de colocar o leitor frente às primeiras causas que possibilitaram o crescimento da atividade, bem como possibilitar a identificação, no tempo e no espaço, de períodos históricos-chave de degradação ambiental, frente ao fato turístico. Ainda, neste item, são discutidas as causas do crescimento da atividade, na atualidade.

O item 3, intitulado *Turismo: uma indústria sem chaminés?* pretende abrir discussão e colocar em destaque os principais impactos negativos causados pelo turismo sobre o meio ambiente natural e antrópico, bem como apontar suas responsabilidades frente à desestruturação de culturas e economias locais. O quarto item aborda a questão central deste capítulo: o turismo e as premissas da sustentabilidade. Com o título *Por um turismo do cuidado* esta parte discute as premissas do desenvolvimento sustentável e a incorporação dessas ao turismo. Ressalta os cuidados necessários em prol de um turismo responsável, atento às exigências do meio ambiente, aos desejos das comunidades locais e à socialização dos benefícios, oriundos da atividade.

As *Condições para um turismo sustentável* serão discutidas no quinto item. Nele, as discussões em torno das idéias de patrimônio, legado cultural, planejamento e gestão participativa, em escala local, e o jogo dos atores sociais são abordados, enquanto condições essenciais para a busca do turismo sustentável.

2. *Turismo: Histórico e Causas do Crescimento*

Esta parte do capítulo está preocupada em fazer um breve histórico do turismo no mundo com fins de evidenciar o seu progressivo crescimento, ao longo dos séculos. Está preocupada, também, em identificar momentos históricos, em que a atividade apresentou-se como ameaça à sustentabilidade do meio ambiente e das comunidades receptoras, bem como em apontar as principais causas do vertiginoso crescimento da mesma, na atualidade.

2.1. *Histórico do Turismo*

A história do turismo não é recente. Muitos historiadores consideram que o turismo é tão antigo quanto a história da humanidade, mas a grande maioria identifica o fenômeno a partir do século VIII a. C., quando pessoas se deslocavam para apreciar e participar das atividades culturais e artísticas, conferências, festivais públicos e solenidades na Grécia Antiga (Lage e Milone, 1996). Os Jogos Olímpicos, em especial, constituíam fator de intensas mobilização e motivação para a prática do turismo.

Essas viagens turísticas, é claro, não apresentavam a mesma importância socioeconômica de hoje; no entanto, a História demonstra que o motivo principal que levou essas pessoas a se deslocarem é o mesmo atualmente: o lazer.

A construção de estradas, pelo Império Romano, entre os séculos II a. C. e II d.C., facilitou, enormemente, as viagens turísticas. Barreto (1997) atribui aos romanos serem os primeiros povos a realizar viagens turísticas por prazer. Relíquias artísticas, mapas e objetos de decoração representam pessoas usufruindo de praias mediterrâneas — um importante atrativo natural — na busca de lazer e cura.

Nos séculos XVI e XVII, na Europa, ampliaram-se, significativamente, com o Renascimento as viagens turísticas. Artistas, artesãos, cientistas e, principalmente jovens, acompanhados de seus professores, realizaram as viagens denominadas de *grand-tours*, objetivando conhecer outros mundos e culturas, aprimorando o jovem viajante para futuros cargos privilegiados dos poderes militar e civil.

Embora os *grand-tours*, que caracterizam a fase do chamado Turismo Barroco, estivessem impregnados de aventuras, não deixavam de ter caráter educativo. O conhecimento das diferentes paisagens naturais e humanizadas dos territórios constituía aprendizado de fundamental importância para esses jovens estrategistas.

Ainda no século XVII, devido à melhoria dos transportes, pelo incremento do comércio, as atividades turísticas se expandem, em especial, nas cidades italianas, que constituíam fortes centros comerciais. Essa nova realidade urbana equipou as cidades de uma infra-estrutura turística, ampliou as vias de acesso, criando novas estradas e desenvolvendo os transportes.

Na segunda metade do século XVIII, devido à Revolução Industrial e ao surgimento da chamada classe média, com novas necessidades e tempo livre, o turismo ganha novo impulso. Essa fase do turismo, denominada de Neoclássica, tem preocupações humanistas, caráter mais educativo e fortes interesses culturais. As viagens, nesse período, constituem um importante espaço pedagógico, onde o viajante usufrui dos usos e costumes dos locais, assim como da política, religião e arte. Nessa sociedade marcada pelo advento do capitalismo e por novas formas de relações de produção, o conhecimento das artes e das letras passou a ser importante para o exercício do poder. O domínio sobre outros estados e regiões não poderia ser mais pela força, mas pela utilização de estratégias políticas, enriquecidas pelo conhecimento.

Barreto (1997) identificou, ainda no século XVIII, as viagens turísticas ligadas à natureza. Sobre essa fase do turismo, por ela denominada de Romântica, poucas são as informações sobre as viagens realizadas. É importante destacar, no entanto, que, nessa fase, a natureza não aparece tão-somente como palco de interesses econômicos, políticos, culturais, esportivos ou terapêuticos, como nas demais fases, mas emerge, em seu valor intrínseco, como fonte das motivações de deslocamento de pessoas. A natureza passou a ser o objetivo central do viajante. Sem dúvida, o turismo, que se baseou na apreciação das excepcionalidades naturais, representou para esse período a grande novidade que fez deslocar grande número de pessoas para áreas de atrativo natural na Europa (Seabra, 1999).

Para Ruschmann (1997), esta é a fase do turismo que privilegia as áreas para onde a Revolução Industrial ainda não foi exportada e a industrialização não se constituiu um fato. Privilegiam-se as áreas onde a degradação ambiental, fruto do crescimento das cidades, não tivesse tomado expressão significativa. Assim, os centros turísticos à beira-mar, no Mediterrâneo, gozam de preferência por parte dos turistas, expandindo-se os balneários praianos e diversos equipamentos turísticos. Esta fase do turismo caracteriza-se por uma primeira tentativa de aproximação do turista com o meio natural e comunidades receptoras, estendendo-se por quase todo o século XIX.

No final do século XIX, os danos relativos ao meio ambiente aumentam na Europa. A ampliação dos meios de transporte, da infra-estrutura básica — tratamento de água e esgoto — na Europa, bem como a expansão de uma classe média, mais escolarizada/informada e com poder de compras do produto turístico, provoca o aumento de turistas, levando à degradação mais acelerada dos recursos naturais.

Viagens turísticas coletivas, pacotes de viagens, guias turísticos, reservas de hotéis e guias impressos dão ao turismo o aspecto comercial, iniciando assim o turismo em massa nas áreas litorâneas do Mediterrâneo, até então disponíveis à minoria elitizada. Nesse período, as áreas do Mediterrâneo passarão por muitos empreendimentos turísticos de importância e geradores de lucro.

O século XX sofreu um acelerado crescimento das atividades turísticas, tornando essas últimas um fenômeno de importância econômica, política e cultural. A utilização dos meios de transporte e comunicação mais avançados, herança tecnológica do pós-guerra, foi apropriada para o turismo, transformando essa atividade na maior fonte de renda para muitos países (Trigo, 1996).

A década de 50 deu incremento aos pacotes turísticos aéreos e ao desenvolvimento de cadeias de hotéis nos países desenvolvidos. O turismo de massa se expande e entra em seu apogeu nas décadas de 70 e 80. É a fase do crescimento turístico de forte domínio sobre os recursos naturais e comunidades receptoras. Problemas ambientais proliferam nos países de maior intensidade turística, em virtude do crescimento desordenado das cidades, da falta de tratamento de efluentes e esgotos, do crescimento dos portos e marinas nas áreas litorâneas e de estações de esportes para neve (Ruschmann, 1997).

O turismo começa a ter preocupações com o meio ambiente, na década de 70, principalmente nos países desenvolvidos. Preocupações com a poluição do turismo, decorrentes do uso irracional dos recursos naturais, são crescentes, e o planejamento das atividades ecoturísticas começa a emergir. Esses movimentos de fuga para as áreas de predomínio da paisagem natural são ampliados como resposta aos problemas ambientais que agravaram a qualidade de vida nas cidades. Os movimentos de busca pelo verde, objetivando recuperar o equilíbrio psicofísico, são o motivo do deslocamento de pessoas em massa para essas áreas.

O ecoturismo se intensifica nos anos 80, sendo impulsionado pelos movimentos de contracultura da década de 60 e os ecológicos da década de 70, descontentes com os caminhos travados pelas sociedades de consumo e desejosos por mudanças político-ideológicas e culturais. Neste sentido, os países de megabiodiversidade, em sua maioria subdesenvolvidos, terão forte incremento das atividades turísticas, apesar dos poucos investimentos econômicos e de *marketing* por parte do Estado e empresas privadas. O ecoturismo corresponde, atualmente, a cerca de 10 a 20% de todo o crescimento do turismo no mundo.

No Brasil, o turismo surge, como fenômeno social, a partir da década de 20, ligado às atividades de lazer e festas civis, no Rio de Janeiro, São Paulo (proximidade com os centros termais) e Rio Grande do Sul (proximidade com a fronteira de outros países). Assim, como em todo o mundo, a partir da década de 50 desenvolve-se um turismo de massa, dando acesso a uma significativa parcela da classe média a esse tipo de serviço.

A partir da década de 90, em todo o mundo, o crescimento da tecnologia permitiu a agilização e o barateamento dos serviços turísticos. Fronteiras se estreitam e pessoas ficam mais próximas, frente ao fenômeno da globalização. Somente no ano de 1995, um total de 592 milhões de pessoas viajou pelo mundo todo, e as projeções para os próximos anos são bem promissoras. Acredita-se que para o ano de 2010 cerca de 1 bilhão de pessoas estarão viajando e para o ano de 2020, cerca de 1,6 bilhão, segundo a Organização Mundial do Turismo (Oliveira, 2000).

2.2. *Causas do* Crescimento do Turismo *na Atualidade*

O crescimento, cada vez mais acelerado, do turismo movimenta, articula e gera riquezas para uma série de segmentos do mercado, que se inter-relacionam e se interdependem, para a criação do produto turístico. Semelhante a uma indústria que necessita de muitas peças para a montagem de seus produtos, além das articulações com o mercado e com indústrias afins, o produto turístico é resultante da ação articulada de uma série de bens e serviços, dispersos espacialmente (Seabra, 1999). Os hotéis, os meios de transporte, as agências de turismo e o próprio atrativo turístico (natureza, museus, festas populares e outros) elencam alguns desses segmentos que compõem a chamada "indústria do turismo" (Figueiredo, 1996).

Enquanto prática do lazer, o turismo mobiliza, cada vez mais, significativa parcela da população mundial. Lage e Milone (1996) comparam o crescimento vegetativo da população mundial com o crescimento do número de turistas. Segundo os pesquisadores, o número de turistas, em nível mundial, vem crescendo mais do que toda a população mundial. Acrescentaram, ainda, em suas pesquisas que até o ano de 2000 a população mundial cresceria cerca de 38%, enquanto a taxa de crescimento turístico mundial seria, em média, de 58%.

O avanço tecnológico, o crescimento dos meios de transporte e de comunicação, bem como o aumento do tempo livre, colocado à disposição das pessoas, foram as principais causas mais observáveis do crescimento do turismo no século XX (Milone & Milone, 2000). Mas, nas últimas décadas, somam-se a essas causas outras de igual relevância no crescimento da atividade.

Pesquisa realizada na Alemanha, em 1985, identificou as principais motivações para o deslocamento das pessoas na Europa. São cinco as principais motivações para o deslocamento de pessoas para uma viagem de turismo: desligar e relaxar; fugir da vida diária, mudar de ambiente; recuperar as forças e, por fim, estar em contato com a natureza (Krippendorf, 2000).

Em relação às três primeiras motivações, de fato são inúmeros os trabalhos que apontam, como causa da expansão da prática turística, as externalidades negativas produzidas pela vida urbana. Frente a toda sorte de poluição e devido a um novo modo de vida, mais intenso e acelerado, o turismo, principalmente em áreas de atrativos naturais, constitui a opção de refúgio para o revigoramento das forças psicofísicas, desgastadas na tarefa do trabalho diário. O estresse, doença da contemporaneidade nas grandes cidades, motiva a fuga para as áreas onde as necessidades pessoais do ser humano — espaço, bem-estar, expansão e repouso — possam ser saciadas, recompondo a perda diária do vigor físico, mental e espiritual (Seabra, 1999).

A prática turística vem tomando lugar na vida das pessoas, constituindo-se mais do que uma simples atividade de lazer, mas uma necessidade, para o retorno à vida cotidiana do meio urbano. As áreas de atrativos naturais, neste sentido, são as mais procuradas e, por isso, o ecoturismo é uma das modalidades turísticas que mais cresce.

A última motivação para estar em contato com a natureza também vem colaborando para o crescimento da atividade turística, especialmente para o crescimento do ecoturismo, e há causas que justificam a necessidade de aproximação, cada vez maior, de pessoas, das áreas de predomínio natural. O retorno às experiências místicas e religiosas, frente à crise do paradigma civilizacional da contemporaneidade, é uma dessas causas apontadas (Boff, 1994).

Ainda segundo Boff (1994), a crise ambiental provocada pelas sociedades industriais levou, direta e indiretamente, a uma crise ambiental sem precedentes na história da humanidade. A crença no crescimento ilimitado da produção, que prometera levar o bem-estar material para um sem-número de pessoas, se fez à custa da exclusão social de, pelo menos, 2/3 da humanidade e à custa da pilhagem dos elementos naturais. Esse modelo de produção, que se construiu sob a égide do racionalismo, do cientificismo e da tecnologia, rompeu, ao longo da História, o elo existente entre homens e natureza, vivido pelas culturas ancestrais e originais. O ser humano, não se entendendo mais como parte da natureza, mas sobre esta, domesticou-a e modificou-a, frente às suas ilimitadas necessidades. A natureza, desta feita, dessacraliza-se, expõe-se como recurso ilimitado e mercantiliza-se.

Frente à desilusão desse paradigma racional da modernidade, tornou-se imperioso criar alternativas que possam ultrapassar a razão como a única forma de entender e administrar o real. É nesse contexto que as experiências místicas e religiosas voltam a se anunciar. Boff (1997) aponta a necessidade de (re)ligação de um mundo que se apresenta dicotômico, separando o homem da natureza, a ciência da experiência religiosa, e o mundo da matéria do mundo do espírito. Tornou-se importante, então, a articulação das duas formas de ler o mundo, não como um somatório de partes, mas como um todo orgânico e holístico.

Essa nova forma de ver e agir no mundo requer a incorporação de uma nova postura ética do ser humano, não antropocêntrica, entendendo-se como parte integradora de um macrossistema vivo e inteligente, assim como o provou em suas investigações o médico e biólogo inglês James Lovelock, quando anunciou a sua teoria Gaia (Lovelock, 1989). Dessa forma, a natureza se ressacraliza e ganha valor por si mesma. As experiências místicas e de (re)ligadura (portanto, religiosas) com a natureza se expandem junto à sociedade e, principalmente, junto ao meio, antes exclusivo das experiências científicas, assim como afirma Boff (1993).

Frente à necessidade de aproximação da natureza, as áreas de atrativos naturais passam a constituir-se desejo e anseio por parte de muitas pessoas, quando detentoras de tempo livre.

O culto à natureza, assim como as tentativas de experiências místicas, religiosas e integradoras, junto à natureza, podem ser observados nos movimentos de contracultura, na década de 60, e nos movimentos ecologistas, na década de 70, como resposta às insatisfações, com relação às formas de organização social e econômica, que geraram a pauperização de grande parte da humanidade e a exploração da natureza.

O culto à Grande Mãe, à Mãe Terra, à Mãe Natureza do movimento de contracultura e à natureza do Movimento Ambientalista deixa heranças que impulsionam, até os dias de hoje, práticas turísticas em todo o mundo, em especial naquelas áreas onde a natureza expõe sua exuberância e excepcionalidades.

3. Turismo: uma Indústria sem Chaminés?

Por muito tempo o turismo levou o rótulo de indústria sem chaminés, uma alusão à inexistência de qualquer tipo de poluição ou degradação ambiental decorrente da atividade. Todavia, são reconhecidos hoje os diversos impactos socioambientais causados pela atividade, destacando o turismo como uma indústria com capacidade de gerar impactos negativos, porém significativos, sejam eles de ordem social, econômica, ambiental ou cultural.

O forte crescimento da atividade não vem acompanhado de um planejamento e gestão que possam contribuir para a sustentabilidade dos ambientes visitados. Na realidade, são poucos os estudos no mundo e no Brasil que se destinam a avaliar os impactos causados pelo turismo. Sabe-se, entretanto, que em alguns países a atividade vem trazendo efeitos economicamente positivos em áreas rurais, que apresentam relevantes patrimônios naturais ou em áreas urbanas, contempladas pela presença de importantes patrimônios culturais.

Em relação às áreas de atrativos naturais, destaque deve ser feito para alguns países subdesenvolvidos, como o México, Quênia, Tunísia e Marrocos. Esses países têm a atividade ecoturística como importante recurso para minimizar seus problemas, como o desemprego e a pobreza que grassam em seus territórios. Todavia, é reconhecido que os estímulos dados à atividade, sem um planejamento e gestão sustentáveis, vêm criando problemas ao meio natural e sociocultural desses países (Ruschmann, 1997).

Em relação, ainda, ao ecoturismo, é de ressaltar que são poucos os estudos no mundo e no Brasil que se destinam a avaliar os impactos causados pela atividade a fim de implantar medidas que possam estabelecer os limites de carga turística suportável a cada área. Os Estudos de Impacto Ambiental — EIAs-RIMAs — vêm sendo o único instrumento utilizado, apesar das constantes necessidades de adaptação deste para atender às características particulares da atividade (Seabra, 1999).

Os impactos positivos do ecoturismo, como diversificação da economia regional e local, geração de empregos, fixação da população no interior, melhoramentos de infra-estrutura básica de saneamento e transportes, melhoria de equipamentos de áreas protegidas, têm sido observados (Ministério do Meio Ambiente e da Amazônia Legal / Ministério da Ciência e da Tecnologia, 1994); porém, os impactos negativos parecem prevalecer. Por isso, muito ainda se discute sobre o real potencial da atividade ecoturística em conservar a diversidade biológica e cultural para um desenvolvimento sustentável (Boo, 1995).

Como resultado de um planejamento não racional da prática do turismo de natureza, Paganini *et al.* (1995) listam uma série de impactos negativos ao meio natural. Consideram a compactação dos solos, fruto do pisoteamento deste, como um dos mais sérios, além do impacto sobre a vegetação e fuga da fauna nativa. Alertam que a compactação dos solos diminui a capacidade de retenção da água, alterando a capacidade de suporte da vida vegetal e animal (microfauna do solo), podendo acelerar os processos erosivos. Os autores observam que, nas trilhas ecológicas, devido ao pisoteamento pela atividade ecoturística, o padrão de circulação das águas se altera, gerando processos erosivos irreversíveis, principalmente quando esta percorre áreas de declividade acentuada. A compactação dos solos expõe, ainda, as raízes dos vegetais, tornando-as suscetíveis a pragas, levando a espécie à morte.

Estudos abordando os impactos em trilhas ecológicas são em número considerável e estão no foco da atenção de muitos pesquisadores e planejadores. Alguns desses estudos, extremamente específicos, denotam a gravidade dos problemas ecológicos gerados pela visitação e a conseqüente preocupação por parte dos planejadores e pesquisadores. Cole (1995), por exemplo, desenvolveu estudos específicos sobre a destruição da vegetação rasteira das trilhas ecológicas, devido ao uso de determinados tipos de sapato e peso do visitante. Em um outro estudo, Cole e Bayfield (1992) preocuparam-se em detectar as mudanças na vegetação do entorno das trilhas, frente à visitação turística e na recuperação da trilha, após um ano.

Estudos mais gerais sobre o impacto da atividade ecoturística em trilhas de reservas naturais também foram realizados por Cole (1991), destacando os estudos da reserva de Selway — Bitterroot, nos Estados Unidos.

Paganini *et al.* (1995) ressaltam uma preocupação com a fuga da fauna em áreas expostas a um turismo de massa. Afirmam que muitas espécies toleram pouco a presença humana, afastando-se de suas áreas nativas. A interferência da rota de deslocamento de certas espécies, a alteração no hábitat da caça e a destruição de abrigos são outros impactos negativos à fauna, quando da visitação turística desordenada em áreas silvestres.

Ruschmann (1997) identifica outros problemas nos ambientes naturais causados pelo turismo de massa: o acúmulo de lixo e a contaminação das águas pelo uso de sabonetes e detergentes não-biodegradáveis por parte dos turistas. A poluição das fontes e mananciais, devido ao lançamento de esgotos diretamente nos rios e mares, a poluição sonora, provocada pelos barcos a motor, geradores de energia elétrica para hotéis e passeios pelas trilhas são outros exemplos. E ainda rasuras e pinturas em grutas, desmatamentos para a construção de hotéis e implantação de equipamentos turísticos, incêndios provocados por fogueiras, cigarros e fósforos utilizados pelo turista podem também ser citados.

Além dos problemas ambientais apontados, outros de ordem social e cultural se apresentam nas áreas naturais visitadas. Muitos são os trabalhos que denunciam a descaracterização ou perda de tradições e costumes da comunidade receptora, a dificuldade de sobrevivência e permanência desta em sua área natal, frente à supervalorização de terrenos e aumento dos preços dos produtos e à pressão sobre o solo, devido à imigração exagerada em busca de emprego. Destaca-se, aqui, a coletânea de artigos, de vários autores, referente aos impactos socioculturais do turismo na obra organizada por Lemos (1996).

Nas unidades de conservação, passíveis de visitação turística, as externalidades negativas da prática ecoturística, acima referidas, são pronunciadas. Essas áreas são preferidas pelo turista e, muitas delas, no mundo inteiro, enfrentam inúmeros problemas econômicos e sociais que dificultam o ordenamento da atividade.

No Brasil, a prática do turismo em massa nas unidades de conservação e a conseqüente degradação do meio natural vêm chamando a atenção de administradores de parques, especialistas e planejadores, que, diante das dificuldades de ordem econômica, somadas às precárias condições de infra-estrutura mínima e número insignificante de técnicos e guardas-florestais, pouco ou quase nada conseguem realizar em prol de uma prática turística que vise à sustentabilidade dessas áreas.

É de ressaltar, ainda, que, em algumas unidades de conservação, a fim de atender à demanda de um turismo crescente, vem se desenvolvendo uma rede hoteleira, pouco comprometida com a sustentabilidade local. Embora a manutenção da integridade do ambiente devesse ser prioridade por parte dessa atividade econômica, que sobrevive das belezas naturais e tradições culturais, esta, ao contrário, vem ocasionando muitos problemas socioambientais, devido ao seu crescimento desordenado e descomprometido com o meio ambiente (Cifuentes, 1992). Vale aqui lembrar um dos problemas mais comuns decorrente dessa atividade: a poluição dos corpos hídricos, devido ao esgoto sanitário, sem tratamento adequado, lançado diretamente nos rios, lagoas e mares.

Es a lista de problemas, causada pela prática do ecoturismo, vem alertando para a necessidade de aliar a atividade ecoturística à conservação do meio ambiente e aos interesses de manutenção da sustentabilidade das populações locais (Boo, 1995). Nesse sentido, planos ambientais, com o objetivo de minimizar os impactos do ecoturismo, vêm sendo desenvolvidos.

O Parque Nacional de Yellowstone (EUA), o primeiro do mundo, criado em meados do século XIX, vem se beneficiando, enormemente, do fluxo de turistas que utilizam inúmeros serviços básicos, como restaurantes e hotéis, gerando divisas para o Estado de Montana. No entanto, a população do entorno do parque vem sofrendo pelo rápido crescimento da atividade. Apesar de a população se beneficiar economicamente do crescimento do ecoturismo no parque, ela tem que suportar uma variedade de problemas ambientais decorrentes desse crescimento. Impactos negativos do ecoturismo em áreas adjacentes a Yellowstone são muitos, derivados do tráfego intenso e construções de estradas, excesso de pessoas, poluição sonora e supervalorização das terras. No interior do parque, a ecologia e a qualidade da visitação turística encontram-se ameaçadas (Swarbrooke, 2000).

Estudos sobre a prática turística em zonas costeiras começam a surgir no Brasil, em virtude dos impactos pouco positivos, impressos nas paisagens insulares. O turismo de massa, devido ao apelo de propaganda, construído pelas agências de viagens e meios de comunicação, invade as ilhas tropicais sem cuidado e conhecimento prévios das condições da natureza, sociedade e culturas locais. A preocupação com a sustentabilidade da paisagem ilhéu vem dando motivo a pesquisas por diferentes profissionais, que vêm registrando, em livros e outros documentos, o universo cultural das sociedades insulares, o olhar do turista em relação ao espaço visitado, bem como a natureza única desses lugares (Diegues, 1997).

O agroturismo, modalidade turística ainda recente e em expansão no Brasil, vem trazendo impactos positivos e negativos, seja do ponto de vista da paisagem ou das sociedades e culturas locais. Enquanto impacto positivo, há registros de conservação e restauração de obras arquitetônicas de valores estético e histórico para determinadas comunidades e/ou regiões. Da mesma forma, contrário à prática da conservação, há referências de alterações em obras de arquitetura original para o atendimento de um número cada vez mais crescente de turistas, desfigurando e desvalorizando patrimônios que constituem, por si só, importantes atrativos turísticos.

Desvios de cursos de rios, introdução de espécies exógenas e alterações na geomorfologia local, visando à construção de tanques de criação de peixes e piscinas artificiais para a recreação do turista, são correntes em áreas rurais que passam pela euforia da expansão da atividade agroturística (Portuguez, 1999).

No futuro, podem-se somar aos problemas relativos ao meio natural e ao patrimônio histórico-cultural das áreas rurais, que passam pelo fenômeno do agroturismo os problemas de ordem social. Em outras modalidades turísticas, a exclusão da população nativa, da renda e dos benefícios advindos do turismo é lugar-comum e poucas são as ações comprometidas com a inclusão dessas populações no desenvolvimento da atividade turística. Muitas vezes, a população local é deslocada para as redondezas das áreas turísticas, formando verdadeiros bolsões de miséria.

A expansão do turismo histórico e cultural sobre cidades de todo o mundo, ao longo do tempo, possibilita, sem dificuldades, listar os impactos negativos oriundos do turismo não planejado. Os danos a edifícios, causados por vibrações ou poluentes emitidos por automóveis e ônibus turísticos; o congestionamento do trânsito e de pessoas nas ruas, obstruindo vias e modificando a dinâmica de pequenas cidades; a estreita dependência da economia de certas cidades em relação ao turismo, proporcionando a desmotivação de novos e diferenciados investimentos e impossibilitando o surgimento de novos empregos são alguns dos impactos registrados (Swarbrooke, 2000a).

A gravidade dos problemas socioambientais, brevemente relatados neste capítulo, e a predominância dos impactos negativos da atividade turística sobre os positivos abrem discussão em torno da necessidade do planejamento e da gestão sustentável da atividade turística. A indústria sem chaminés vem mostrando seu potencial de agravamento dos problemas relativos ao meio natural, das tensões sociais e do desmantelamento das atividades econômicas originais. Por este motivo, a atividade turística vem apelando, hoje, por práticas profissionais preocupadas com um turismo mais zeloso pelas áreas receptoras.

4. *Por um Turismo do Cuidado*

Esta parte do capítulo tem como objetivo evidenciar as premissas do turismo sustentável. Para tanto, apresenta o conceito de desenvolvimento sustentável e as diferentes dimensões que envolvem, hoje, o conceito. As vantagens do turismo, sob as bases da sustentabilidade, são também aqui apresentadas; contudo, a discussão não se exime de apontar as dificuldades inerentes à sua concretização.

4.1. *Desenvolvimento Sustentável e suas Dimensões*

Discussões e debates mais amplos sobre o desenvolvimento sustentável ocorreram nos anos 90. A Conferência das Nações Unidas sobre o Meio Ambiente, no Rio de Janeiro, em 1992, tratou de aprofundar o conceito e difundi-lo, bem como apontou medidas necessárias para um mundo sustentável, no século XXI, mas a idéia de sustentabilidade remonta no tempo. Muitas cidades e metrópoles do império romano, segundo alguns estudiosos, teriam sido planejadas com o intuito de se alcançar a sustentabilidade, assim como certas civilizações da Antigüidade teriam desenvolvido um conjunto de técnicas destinadas à conservação da produtividade do solo e à proteção do frágil sistema ecológico, como, por exemplo, os povos da Mesopotâmia, às margens dos rios Tigres e Eufrates (Swarbrooke, 2000b).

A história da humanidade dá exemplos de determinadas sociedades simples — nômades e tribais — que apresentaram organizações econômicas e sociais que possibilitaram o uso mais responsável dos recursos naturais. Registros históricos sobre a vida mais sustentável de muitas sociedades indígenas na América do Norte são destacados por muitos historiadores e antropólogos. O livro *Pés Nus Sobre a Terra Sagrada*, compilado por McLuhan (1986), constitui um importante documento, pois relata a experiência do modo de vida sustentável, de muitos povos norte-americanos, que veio se perdendo com a entrada dos primeiros europeus. A experiência do modo de vida sustentável, declarada pelos samoas, na Polinésia, antes da chegada do europeu, constitui outro exemplo sobre sustentabilidade e organizações econômicas e sociais (Scheurmann, s/ano).

Exemplos de cidades européias que buscavam o planejamento urbano sustentável, no final do século XIX e início do século XX, são citados por Swarbrooke (2000b). A intenção era minimizar certos problemas ambientais, decorrentes do processo de urbanização, planejando, a longo prazo, o futuro dessas cidades. A necessidade de intervir e planejar cidades se apresentava como significativa para se alcançar a qualidade de vida satisfatória para toda a população.

O autor acima referido destaca os diversos planos que foram abordados, após a Segunda Grande Guerra, no Reino Unido, com o intuito de buscar um desenvolvimento sob as bases da sustentabilidade, assim como se refere, em um de seus livros, sobre a tentativa de alguns países asiáticos e africanos que, após o processo de descolonização, na década de 60, partiram para modelos de desenvolvimento, a longo prazo, de caráter mais sustentável no tocante à exploração de seus recursos naturais.

A aceleração dos problemas relativos ao meio ambiente, na década de 60, foi alertada no clássico livro da bióloga norte-americana Rachel Carson, *Primavera Silenciosa*, publicado em 1962. Nele, a autora narra os sérios problemas ambientais que estavam acontecendo em todo o mundo, em razão de um modelo de desenvolvimento econômico pouco respeitoso com os limites do meio natural e acentuador da injustiça social (Schumacher, 1973).

Carson (1962) chamou a atenção da comunidade internacional, anunciando a morte dos rios, o envenenamento dos solos pelo uso de agrotóxicos, a destruição das florestas, a poluição das grandes cidades e das águas, degradando a qualidade de vida em muitas sociedades.

O trabalho-denúncia da autora movimentou ambientalistas de todo o mundo e introduziu a questão ambiental nas pautas de discussões políticas, contribuindo para as discussões em torno da sustentabilidade.

Não menos importante do que a obra de Carson, na década de 70, é a obra de Schumacher (1973), intitulada *O Negócio É Ser Pequeno*. Neste importante trabalho, o autor aponta os perigos do crescimento econômico ilimitado, assim como os problemas econômicos e sociais dele advindos. A necessidade de promover uma economia da permanência que desse novos rumos à ciência e à tecnologia, e que fosse capaz de levar cuidados ao ambiente e ao ser humano, foi criativamente desenvolvida pelo autor. Embora Schumacher não tenha empregado o termo sustentabilidade em sua obra, o autor deu significativas contribuições para o pensar e agir sob as bases da sustentabilidade, a partir desta década.

A Conferência de Estocolmo (Conferência das Nações Unidas sobre o Meio Ambiente Humano), organizada pela ONU, em 1972, reuniu 113 países e constituiu-se num importante acontecimento histórico na busca das soluções para os problemas ambientais que se apresentavam em todo o mundo. A Conferência anunciava as causas dos problemas ambientais e seus efeitos negativos para toda a sociedade e meio natural. A Conferência evidenciou a necessidade de mudanças nos modelos de desenvolvimento econômico, nos hábitos e nos comportamentos dos indivíduos em relação ao meio ambiente.

A obra publicada por Danella e Denis Meadows, *The Limits of the Growth*, em 1972, reforçou e evidenciou o impacto do crescimento acelerado da economia no mundo. A publicação dessa equipe do Instituto Tecnológico de Massachusetts apontou a necessidade de modificar os rumos do crescimento econômico, sob pena da saturação dos recursos naturais e do agravamento da poluição (Swarbrooke, 2000b).

Durante a década de 80, muitas conferências intergovernamentais foram realizadas, com intuito de pensar formas de desenvolvimento que levassem em conta a dimensão ecológica e social. Encontros entre especialistas, visando caminhos alternativos de desenvolvimento, foram realizados nessa década. Destaque deve ser feito para o artigo publicado, em 1980, pela União Internacional para a Conservação da Natureza e dos Recursos Naturais, chamado *World Conservation Strategy*, onde o conceito de desenvolvimento sustentável foi falado abertamente (Swarbrooke, 2000).

O conceito foi definido, no entanto, em 1987, pela Comissão Mundial para o Meio Ambiente, da Assembléia Geral das Nações Unidas, com a publicação do relatório *Nosso Futuro Comum*, também conhecido como Relatório Brundtland (Swarbrooke, 2000b). O referido relatório define uma sociedade de desenvolvimento sustentável como "aquela que satisfaz as necessidades da atualidade sem comprometer a capacidade das gerações futuras para satisfazer as suas".

Neste sentido, propõe..."estratégias ambientais a longo prazo para se obter o desenvolvimento sustentável por volta do ano 2000 e daí em diante; recomendar maneiras para que a preocupação com o meio ambiente se traduza em maior cooperação entre os países em desenvolvimento e entre países em estágios diferentes de desenvolvimento econômico e social, e que leve à consecução de objetivos comuns e interligados que considerem as inter-relações de pessoas, recursos, meio ambiente e desenvolvimento"...

No decorrer dos anos 90 até os dias de hoje, lideranças internacionais, empresários, organizações governamentais e não-governamentais estão unidos em torno da discussão do conceito de desenvolvimento sustentável. O conceito ampliou-se e, hoje, coloca indissociáveis as questões relativas aos fatores sociais e ambientais. Em linhas gerais, o conceito enfatiza a necessidade de que os problemas relativos ao meio ambiente sejam enfrentados juntamente com o problema mundial da pobreza (Swarbrooke, 2000a).

A ampliação do conceito de desenvolvimento sustentável abraça, na atualidade, diferentes dimensões, que se combinam e se complementam. Pode-se falar, assim, em: sustentabilidade ecológica, sustentabilidade do ambiente, sustentabilidade social e cultural, sustentabilidade econômica e sustentabilidade política.

A sustentabilidade ecológica constitui a base física do processo de crescimento e tem como objetivo a conservação e o uso racional do estoque de recursos naturais incorporados às atividades produtivas. A sustentabilidade do ambiente assegura a compatibilidade do desenvolvimento com a manutenção dos processos ecológicos essenciais, bem como com a diversidade e recursos hídricos A sustentabilidade social e cultural assegura que o desenvolvimento aumenta o controle das pessoas sobre suas vidas, é compatível com a cultura e os valores morais do povo por ele afetado e que mantém e fortalece a identidade da comunidade. A sustentabilidade econômica assegura que o desenvolvimento é economicamente eficaz e que os recursos são geridos de modo a poder suportar as gerações futuras. A sustentabilidade política está relacionada à construção da cidadania plena dos indivíduos por meio do fortalecimento dos mecanismos democráticos de formulação e de implementação das políticas públicas em escala global e diz respeito ainda ao governo e à governabilidade nas escalas local, nacional e global (Organização Mundial do Turismo, 1997, e Ministério do Meio Ambiente e da Amazônia Legal, 2000).

4.2. *Turismo e Desenvolvimento Sustentável*

Em outubro de 1999, na cidade de Santiago do Chile, foi aprovado, por unanimidade, na Assembléia da Organização Mundial do Turismo o Código Mundial de Ética do Turismo. Esse documento, de grande importância para a promoção do desenvolvimento responsável e sustentável do turismo, é fruto de uma resolução adotada na Assembléia Geral da ONU, em Istambul, em 1997.

O Código Mundial de Ética do Turismo apresenta 10 artigos, anunciadores da regra do jogo entre os atores da sociedade, que participam do desenvolvimento da atividade turística. Organizações governamentais e não-governamentais, empresas de turismo, populações locais e demais participantes têm, neste documento, importante instrumento de apoio para o planejamento e gestão da atividade turística.

Todo o código concorre para a construção do turismo sustentável, respeitoso com o meio ambiente e o meio natural, com a valorização dos usos e costumes locais, com a distribuição eqüitativa dos benefícios econômicos, sociais e culturais para as comunidades receptoras, com os desejos e anseios do turista e com a conservação dos patrimônios culturais. Para tanto, o turismo sustentável vem mobilizando a sociedade civil organizada, empresários, meio acadêmico e órgãos governamentais para a discussão em torno de sua conceituação e estratégias de ação (Organização Mundial do Turismo, 1999).

A proposta de um turismo, no caminho da sustentabilidade, pretendida por muitos envolvidos na atividade, nos anos 90, tornou-se emergente, frente aos impactos negativos do turismo de massa, que se tornou um fenômeno mundial a partir da década de 60. Os impactos negativos do turismo foram anunciados em muitos livros e relatórios, à medida que esses se tornaram graves e comprometedores da qualidade de vida dos ambientes visitados, do meio natural e da própria atividade em si, afastando turistas insatisfeitos com a qualidade dos atrativos e serviços oferecidos. Muitas tentativas, com o intuito de minimizar tais impactos, foram realizadas, porém, na maioria das vezes, tornaram-se pontuais e não objetivaram alterar a natureza das atividades turísticas.

A repercussão do Relatório Brundtland e a definição da expressão *desenvolvimento sustentável*, nele contida, influenciaram significativamente o conceito de turismo sustentável que, desde a década de 80, vem sendo utilizado. Os problemas ambientais, derivados de um turismo não planejado sob enfoque da sustentabilidade, passam, a partir de então, a ser a principal preocupação dos planejadores e gestores do turismo. A partir dessa década, são pensadas alternativas a fim de que o turismo possa gerar impactos positivos e benéficos ao meio ambiente (Swarbrooke, 2000b).

A partir da década de 90, a expressão *turismo sustentável* se generaliza. Além da preocupação com o meio ambiente, incluía-se, agora, preocupação com as comunidades receptoras locais no que tange à socialização dos benefícios econômicos e sociais do turismo, bem como no referente à conservação do acervo patrimonial dessas comunidades. A satisfação do turista em relação à qualidade da visita também é preocupação do turismo sustentável dos anos 90.

Apesar das controvérsias e imprecisões da expressão *turismo sustentável*, derivadas de sua própria complexidade, alguns estudiosos do assunto vêm tentando defini-la. A definição mais corrente e aceita está apoiada no próprio conceito de desenvolvimento sustentável, apresentado, em 1987, no relatório Brundtland. Dessa feita, turismo sustentável é assim definido: "Formas de turismo que satisfaçam hoje as necessidades do turista, da indústria do turismo e das comunidades locais sem comprometer a capacidade de as gerações satisfazerem suas próprias necessidades" (Swarbrooke, 2000b, p. 6).

O turismo, sob as bases da sustentabilidade, apresenta maior potencial para a maximização dos benefícios, sejam eles econômicos, sociais ou ambientais. É capaz de promover a qualidade de vida das populações locais, oferecer maior qualidade das experiências turísticas ao visitante e levar à proteção do ambiente visitado, garantindo a manutenção do patrimônio ambiental para as comunidades locais e visitantes que dele dependem intimamente (Organização Mundial do Turismo, 1997).

A Conferência Globo 90, em Vancourver, listou os seguintes benefícios gerados pela adoção de uma prática turística sustentável: o turismo sustentável estimula uma compreensão dos impactos do turismo nos ambientes natural, cultural e humano; o turismo sustentável assegura uma distribuição mais justa de benefícios e custos; o turismo gera empregos locais, tanto diretos quanto indiretos, em outros setores de suporte e de gestão de recursos; o turismo estimula indústrias domésticas lucrativas —

hotéis e outros tipos de alojamento, restaurantes e outros serviços de alimentação, sistemas de transporte, artesanato e serviços de guias locais; o turismo gera entrada de divisas para o país e injeta capital e dinheiro novo na economia local; o turismo diversifica a economia local, principalmente em áreas rurais onde o emprego agrícola pode ser esporádico ou insuficiente; o turismo sustentável procura tomar decisões em todos os segmentos da sociedade, até mesmo nas populações locais, de forma que o turismo e outros usuários dos recursos possam coexistir. Ele incorpora planejamento e zoneamento assegurando o desenvolvimento do turismo adequado à capacidade de carga do ecossistema; o turismo estimula o desenvolvimento do transporte local, das comunicações e de outras infra-estruturas básicas da comunidade; o turismo cria facilidades de recreação que podem ser usadas pelas comunidades locais e não apenas por turistas domésticos ou internacionais. Ele também estimula e auxilia a cobrir gastos com prevenção de sítios arqueológicos, construções e locais históricos; o turismo natural encoraja o uso produtivo de terras consideradas marginais para a agricultura, permitindo que vastas regiões permaneçam cobertas por vegetação natural; o turismo cultural intensifica a auto-estima da comunidade local e oferece a oportunidade de maior compreensão e comunicação entre os povos de formações diversas; o turismo sustentável, do ponto de vista do meio ambiente, demonstra a importância dos recursos naturais e culturais para a economia de uma comunidade e seu bem-estar social, e pode ajudar a preservá-lo; o turismo sustentável monitora, assessora e administra os impactos do turismo, desenvolvendo métodos confiáveis de obtenção de respostas e opondo-se a qualquer efeito negativo.

Apesar de esforços para a busca do turismo sustentável, capaz de gerar benefícios, como os acima listados, muito deve ser feito, ainda, para atingir seus objetivos. As práticas turísticas, independentemente da modalidade, vêm incrementando, cada vez mais, uma lista de problemas socioambientais, gerados por um turismo não planejado e não gerido conforme as premissas do desenvolvimento sustentável.

O grande desafio, hoje, para todos os atores sociais envolvidos nas diferentes modalidades turísticas é o de realizar o salto que transforma as idéias do turismo sustentável em estratégias sustentáveis concretas. Há muitas estratégias de turismo sustentáveis; no entanto, são poucas aquelas que se tornaram, de fato, iniciativas.

É de ressaltar, por fim, que, apesar das inúmeras vantagens do desenvolvimento do turismo sustentável, existem dificuldades para o seu planejamento e gestão que devem ser consideradas. Tais dificuldades não se resumem, apenas, aos aspectos econômicos ou técnicos, elas estão diretamente ligadas à capacidade e disposição dos diferentes agentes sociais em respeitarem e agirem, conjuntamente, de acordo com as regras do jogo na busca do atendimento aos interesses comuns. Este exercício de articulação e parceria, sem dúvida, constitui uma das dificuldades para o desenvolvimento do turismo sustentável, sob as bases da sustentabilidade.

5. Condições para um Turismo Sustentável

Artigos, livros, dissertações e teses reconhecem que existem condições para que as dimensões da sustentabilidade possam ser alcançadas no turismo. Discussões em torno das idéias de legado cultural, de planejamento e gestão participativas e de ações em escala local se apresentam, porém, muitas vezes, não associadas, refletindo o estágio de construção inicial, na qual se encontram as análises dos fenômenos turísticos.

O item que ora se apresenta reúne e discute essas condições, considerando-as de real importância para o pensar e agir do turismo sob as bases da sustentabilidade.

5.1. Turismo Sustentável e o Enfoque no Legado Cultural

A estratégia para o desenvolvimento do turismo, sob bases da sustentabilidade, está no reconhecimento das áreas turísticas, enquanto legados culturais, deixados por gerações passadas que, de alguma forma ou por algum motivo, souberam e decidiram conservá-las para as gerações atuais. O atrativo turístico, visto como legado cultural, possibilita a sua perpetuação no tempo, constituindo-se patrimônio para as futuras gerações, assim como fonte de renda e emprego para aqueles envolvidos com a indústria do turismo.

Cabe ao turismo, com objetivos de atingir a sustentabilidade, incentivar o reconhecimento e seleção daquilo que vale ser conservado e levado às gerações futuras. Neste sentido, o turismo sustentável deve incentivar a participação das comunidades receptoras para serem juízes, determinando os bens materiais e não-materiais que devem permanecer. Certamente, a decisão daquilo que permanece encerra, em si mesmo, um conjunto de valores que guarda a identidade de um povo, avivando, a todo instante, sua memória coletiva e sua auto-estima (Seabra, 2000).

Segundo Barreto (2000), o turismo sustentável, entendendo o atrativo turístico como um legado, usufruído hoje e levado até às gerações futuras, é mantenedor dos elos de continuidade, pertencimento e partilha da história e tradições comuns a um povo.

O turismo sustentável, em áreas de atrativo natural ou não, abraça a idéia de que a população receptora deve julgar e decidir o que deve constituir-se um patrimônio. Abraça também a idéia de que essa possa reconhecer patrimônios já consagrados que lhes dão identidade e conta a história de sua comunidade.

Na escala local ou regional, o turismo sustentável deve incentivar a recuperação da memória coletiva, através do reconhecimento por parte de seus cidadãos daquilo que tem significado em suas comunidades enquanto patrimônio, com intuito de fortalecimento dos laços de identidade.

O desenvolvimento do turismo sustentável só cumprirá seus princípios se for capaz de evidenciar, ao longo do processo, a importância da paisagem para as comunidades receptoras. É necessário que esta paisagem tenha um significado social e seja estimada pelos habitantes, para ser protegida e constituir-se de real interesse para o visitante (Yásigi, 1999).

Barreto (2000, p. 46), estudiosa do turismo, faz a seguinte observação sobre a importância do patrimônio:

> "... manter algum tipo de identidade — ética, local ou regional — parece ser essencial para que as pessoas se sintam seguras, unidas, por laços extemporâneos a seus antepassados, a um local, a uma terra, a costumes e hábitos que lhes dão segurança, que lhes informam quem são e de onde vêm, enfim, para que não se percam no turbilhão de informações, mudanças repentinas e quantidade de estímulos que o mundo atual oferece..."

O turismo que se deseja para garantir a conservação dos patrimônios começa, agora, a ser discutido. As diferentes modalidades turísticas vêm levando às áreas receptoras um sem-número de problemas socioambientais, numa prática nada sustentável. Geralmente, o patrimônio que se quer proteger encontra-se, na maioria das vezes, ameaçado. Com ele, encontra-se ameaçado, também, o conjunto patrimonial das comunidades receptoras dessas áreas de atrativos naturais. Perdas de tradições, hábitos e costumes são registrados, comumente, em áreas turísticas brasileiras. Possibilitar reflexões para a (re)valorização do legado cultural local é desejoso como condição para a prática do turismo sustentável.

5.2. Planejamento, Gestão Participativa e Escala Local

Para que as idéias do turismo sustentável sob o enfoque do legado cultural se tornem viáveis e possam transitar da teoria às ações concretas, discussões em torno do planejamento e da gestão participativa em escala local estão sendo travadas, no nível da academia e das políticas públicas. Há convergências de idéias em torno da necessidade de articular os atores sociais, muni-los de direitos e responsabilidades em prol da construção do turismo sustentável, na escala da comunidade.

Mas o que está sendo entendido como escala local? As discussões sobre a extensão da escala local caminham para o entendimento de que o local e seus limites não são correspondentes a um espaço geográfico predeterminado, mas, antes de tudo, a um espaço definido pela construção social, onde estão envolvidos, simultaneamente, laços territoriais, econômicos e culturais. O local é dado pela percepção das pessoas quanto ao que é o seu local. Portanto, estão fortemente ligados às noções de identidade e pertencimento (Bocayuva, 1999).

É na arena da escala local que os atores sociais entram no jogo. A palavra-chave é articulação, e a idéia de gestão local torna-se estratégica para a organização comunitária (Dowbor, 1999). Mudança na cultura política para a articulação dos atores sociais, na escala local, é importante, para que a comunidade se torne construtora de seus empreendimentos.

Sobre os empreendimentos em escala local, Portuguez (1999), pesquisador do turismo, afirma: "... as localidades munidas de seus recursos mais variados criam oportunidades de promoção do bem-estar coletivo, implementando atividades que, de alguma forma, dinamizem a economia em pequena escala, gerando o desenvolvimento do lugar mediante estratégias de baixo impacto socioambiental"...

O desenvolvimento em escala local parte do princípio de que os investimentos nas atividades produtivas, bem como tentativas de solução dos diferentes problemas não podem ser tratados por programas globais. Iniciativas de investimentos alcançam sucesso se forem capazes de surtir efeitos para as pessoas e suas localidades. Como afirma Krans (1999), estudiosa da questão "... ninguém investe recursos para alcançar objetivos que não estão diretamente ligados às suas necessidades, nem tornam a vida das pessoas mais sustentável..."

A expressão *pensar globalmente e agir localmente* deve ser entendida como um princípio estratégico da ação local, que pode tornar efetivamente concreto e possível o turismo sustentável, até porque os impactos advindos do turismo, sejam eles negativos ou positivos, recaem sobre as comunidades receptoras locais.

No Brasil, nas décadas de 70 e 80, vários planos, programas e estratégias turísticas fracassaram, porque, na grande maioria das vezes, eles eram pensados por instituições oficiais, centralizadoras e pouco democráticas, que não estavam sensíveis às necessidades locais. Dessa forma, tais planos agravaram as diferenças sociais e econômicas, inviabilizando-se e degradando patrimônios naturais e culturais (Almeida *et al.*, 1993). O reduzido sucesso dos planos turísticos, acima referidos, vem reforçando a crença, para planejadores e gestores do turismo, de que o atendimento às premissas do turismo sustentável será mais bem-sucedido se o mesmo acontecer em escala local e for consonante aos anseios e necessidades dos atores sociais envolvidos.

O respeito aos anseios e necessidades da coletividade, quando levado em conta, facilita a implementação do turismo sob o enfoque da sustentabilidade. A autonomia, assim, constitui um princípio ético e político que, uma vez assimilado, atribui a um grupo social em questão possibilidades de escolha do turismo que se deseja (Souza, 1997). Se os atores sociais forem solicitados a traçar o destino desejável para a atividade turística em suas localidades, certamente serão capazes de implementar planos, programas e estratégias mais sustentáveis. Além disso, a garantia de que todos aqueles que estão envolvidos com o turismo podem dele se beneficiar, na atualidade e no futuro, gerando renda e emprego, melhorando a qualidade de suas vidas e do ambiente ou mesmo salvaguardando suas tradições, culturas e valores, representa forte estímulo para a conservação do patrimônio visitado.

Deve-se ressaltar, no entanto, que o desenvolvimento do turismo, mesmo em nível local, não pode estar desconectado do contexto regional, nacional ou internacional. Numa economia globalizada, normas e regras para o desenvolvimento do turismo, estabelecidas pelas instituições nacionais e mundiais, interferem direta ou indiretamente nas comunidades locais, assim como diferentes cidades, vilas e pequenas comunidades podem implementar ações e estratégias para o turismo, caso venham influenciar na escala da região, da nação e do mundo (Seabra, 2000).

O desenvolvimento do turismo sustentável, sob base local, deve ser entendido como parte, no mundo, de uma rede de causas e efeitos, onde a atividade turística pode contribuir para o fortalecimento da economia global, para a harmonia entre os povos, para a observância dos direitos de liberdade do ser humano, para o respeito às diferenças culturais e para as exigências do meio natural.

Alguns documentos importantes vêm enfatizando, incentivando e propondo estratégias para o desenvolvimento sustentável local. A Agenda 21, documento extraído na Rio-92 (Conferência das Nações Unidas sobre Meio Ambiente e Desenvolvimento Humano, organizada pela ONU), assinada por 179 países, em 1992, no Rio de Janeiro, é o de maior relevância. Em suas quatro sessões e 40 capítulos, constitui o mais importante programa estratégico global com vistas à sustentabilidade para o século XXI (Comissão de Defesa do Consumidor, do Meio Ambiente e Minorias, 1995).

O Capítulo 28, da Agenda 21, intitulado *Iniciativas das Autoridades Locais*, exorta as autoridades municipais a desenvolverem suas Agendas 21 Locais. Propõe, para as Agendas Locais, o planejamento do futuro, a curto, médio e longo prazos, mediante propostas de ações concretas, com metas, recursos e responsabilidades, enfatizando a participação de todos os atores sociais.

A Agenda 21 incentiva, ainda, o planejamento e a gestão participativa para o desenvolvimento local, dando autenticidade e autonomia às comunidades no caminho do desenvolvimento de suas economias, na geração de renda e emprego, na proteção ambiental e justiça social.

O turismo encontra nas idéias e estratégias centrais da Agenda 21 mecanismos que podem levar à promoção do desenvolvimento sustentável da atividade, incorporando a comunidade na gestão e planejamento, levantando o diferencial turístico de cada localidade, socializando os impactos positivos da atividade, protegendo o patrimônio objeto da visitação, dando qualidade à visita.

No Brasil, há pouco tempo, políticas e ações para o planejamento e gestão específicas para o turismo local vêm sendo incentivadas. Destaque deve ser feito para as estratégias de descentralização do turismo, propostas pela Empresa Brasileira de Turismo (EMBRATUR), para o período de 1996 a 1999, por meio do Programa Nacional de Municipalização do Turismo (PNMT), com vistas a "fortalecer o poder público municipal, para que, em conjunto com as instituições privadas e os representantes da comunidade, assuma a co-responsabilidade e participe da definição e da gestão das políticas, dos programas e das ações locais voltadas para o desenvolvimento do turismo sustentável" (Organização Mundial do Turismo, 1997).

O PNMT tem, como princípios básicos em prol do turismo sustentável, a descentralização, o incentivo às ações em parceria, o fomento à mobilização comunitária, bem como as iniciativas de capacitação para o envolvimento de pessoas no planejamento e gestão sustentáveis do turismo.

Outro importante documento da Organização Mundial do Turismo (1997), no tocante a uma nova concepção de planejamento e gestão do turismo sob base local, foi traduzido e publicado pela EMBRATUR, em 1996, intitulado *Desenvolvimento de Turismo Sustentável: Manual para Organizadores Locais.*

Esse documento vem sendo considerado, pelos especialistas, de suma importância para todos aqueles preocupados com o desenvolvimento do turismo sob bases locais. O material apresenta discussão teórica e conceitual sobre o assunto em pauta, além de apresentar muitos estudos de casos e propostas metodológicas para o desenvolvimento da atividade de forma sustentável. O documento enfatiza a necessidade da participação comunitária na gestão e planejamento do turismo local, da realização dos estudos de capacidade de suporte locais, no que tange aos meios ecológico, físico, social e psicológico, da existência de infra-estrutura adequada à atividade, de desenvolvimento de trabalhos em educação ambiental para a comunidade, de estudos de viabilidade econômica e social da atividade, de aplicação da legislação ambiental etc.

5.3. Atores Sociais e Turismo Sustentável

A bibliografia sobre o tema é nova nas discussões em torno do turismo sustentável. Há alguns poucos ensaios de autores que, frente a algumas experiências mundiais ou mesmo experiências próprias, discutiram e relacionaram em livros e documentos o papel de cada ator social no jogo do turismo sustentável. Documentos derivados de órgãos públicos também ensaiam acanhadamente a questão; no entanto, pela grande importância desta para o planejamento e gestão sustentáveis do turismo, há uma tendência de expansão de estudos nesta área (Swarbrooke, 2000).

A questão que se coloca aqui é a de apontar responsabilidades referentes aos atores sociais no jogo do turismo sustentável. O que cabe aos órgãos públicos, às comunidades organizadas, aos empresários e comunidades locais?

O setor público constitui o conjunto de órgãos representantes da comunidade local e dos interesses públicos em geral. O papel desse setor como ator social na produção do turismo sustentável, em escala local e de forma participativa, é de grande importância e vem ganhando novas características. Muitos estudiosos acreditam no papel fundamental do setor público na construção do turismo sustentável, independentemente da modalidade turística, apesar das dificuldades e limitações que são enfrentadas na implementação de muitas políticas públicas. A razão dessa confiança está no fato, em tese, de este setor ser um representante dos interesses da coletividade, não apresentando interesses comerciais e de lucro imediatos, favorecendo políticas públicas que possam pensar em interferências locais a longo prazo (Swarbrooke, 2000).

As dificuldades e limitações do setor público são muitas. Problemas financeiros, políticos, de falta de pessoal capacitado se apresentam. Em muitos países e localidades observa-se a retirada do setor público do planejamento e da regulamentação das atividades econômicas, frente às políticas nacionais de privatização, deixando a cargo do mercado turístico o desenvolvimento da atividade. Os problemas de ordem financeira dos diferentes órgãos públicos são comuns, dificultando, ou mesmo impossibilitando, ações de planejamento e desenvolvimento do turismo. A falta de pessoal qualificado para o entendimento da complexidade da atividade turística e para a realização de planejamentos e estratégias e ações de turismo sustentável é mais um problema que dificulta e limita a participação deste ator social.

No tocante ao planejamento participativo e sustentável do turismo, em escala local, o setor público pode incentivar a autonomia das comunidades locais e atuar como parceiro nas tomadas de decisão, necessárias ao desenvolvimento da atividade. Além disso, cabe ao setor público facilitar as articulações necessárias entre os atores sociais e fortalecer a idéia de comunidade enquanto empreendedora do turismo sustentável.

Os órgãos públicos podem trabalhar na legislação e regulamentação da atividade quanto ao comportamento do turista, aos impactos ambientais, sociais e culturais nas comunidades receptoras, às condições gerais de trabalho, salários e direitos dos empregados (Swarbrooke, 2000).

Os órgãos públicos podem atuar no financiamento, nos incentivos e controles fiscais, no fornecimento de concessões, empréstimos e demais incentivos fiscais, na arrecadação de impostos de atividades pouco sustentáveis, bem como na introdução de impostos sobre uma destinação turística, revertendo a arrecadação para investimentos locais (Swarbrooke, 2000c).

Os órgãos públicos podem, com os demais atores sociais, planejar o uso do solo das áreas de destinação turística, minimizando tradicionais conflitos do uso do solo, quando o turismo se instala sem planejamento. O zoneamento das áreas e a destinação de suas parcelas ao uso turístico, compatíveis com os diferentes tipos de turismo, com as exigências do turista, com os limites do meio natural e com o respeito aos limites das culturas locais, podem ser atribuições dos órgãos governamentais (Ministério do Meio Ambiente e da Amazônia Legal / Ministério da Ciência e da Tecnologia, 1994). Neste sentido, há apelo para que os órgãos públicos se responsabilizem, também, pelos estudos de EIAS-RIMAS e capacidade de suporte, levando-se em conta as dificuldades e envergadura de tais estudos. Acredita-se que, aqui, as universidades têm papel fundamental, disponibilizando técnicos para os estudos científicos, necessários ao planejamento do uso do solo.

No tocante à disposição de infra-estruturas turísticas locais, o setor público tem ainda importância. Para o turismo sustentável, este setor pode vir a minimizar impactos socioambientais, pela implantação adequada de infra-estrutura, principalmente daquelas que estão preocupadas com a prevenção/minimização dos problemas ambientais ou com a correção de infra-estruturas pouco sustentáveis em termos ambientais existentes.

Pesquisas referentes ao crescimento do turismo, com fins de controlar o turista que se deseja receber, realizar e apoiar decisões do planejamento, podem também ser responsabilidade dos órgãos públicos. Junto com os estudos de capacidade de suporte, as pesquisas de crescimento turístico são de grande valia para o disciplinamento e desenvolvimento do turismo sustentável.

Em 1997, o *World Travel and Tourism Council (WTTC)* / Organização Mundial de Turismo (OMT) / TERRA publicaram um documento, destacando como poderia ser aplicada a Agenda 21 à indústria do turismo. No tocante às responsabilidades do setor público, o Conselho traçou nove seções, destacando ações que vão desde tomadas de decisão quanto à minimização dos impactos socioambientais, ao treinamento de pessoal, aos trabalhos educativos, ao planejamento do uso do solo até à promoção de articulações e parcerias, à viabilização da participação de toda a comunidade no desenvolvimento da atividade e realização de pesquisas quanto ao crescimento da atividade turística (Swarbrooke, 2000).

Independentemente das responsabilidades do setor público na construção do planejamento e da gestão participativa do turismo sustentável, apontadas pela Comissão, cabe, antes de mais nada, ao setor público convocar a população para a elaboração da Agenda 21 comunitária que possa contemplar o desenvolvimento sustentável da atividade.

A elaboração de uma Agenda 21 comunitária pode se apresentar como grande relevância na promoção da articulação entre os diferentes atores sociais, envolvidos na atividade, bem como na elaboração de planos de ação que venham apontar o turismo desejável pela comunidade e a responsabilidade de cada ator social no desenvolvimento do turismo sustentável.

As empresas privadas do turismo, entendidas, aqui, como todas as empresas que prestam serviços, direta ou indiretamente, ao turismo (redes hoteleiras, agências de viagens, transportes e outros), vêm sendo alvo de críticas no tocante às responsabilidades quanto à promoção do turismo sustentável. Impactos negativos do turismo ao meio ambiente e às comunidades receptoras são comumente atribuídos à indústria do turismo. Interessadas nos lucros imediatos, na exploração do meio ambiente em detrimento da melhoria da qualidade de vida das populações locais e da melhoria do ambiente, as empresas turísticas privadas aparecem no cenário como as vilãs do turismo e menos como potenciais parceiros locais no desenvolvimento do turismo sustentável (Swarbrooke, 2000c).

Existem iniciativas voluntárias, em todo o mundo, de empresas que investem na promoção de um turismo mais sustentável. Ações isoladas e desarticuladas com os demais atores sociais vêm sendo implementadas, principalmente na redução do consumo de energia e na minimização dos impactos ambientais, produzidos pelos resíduos sólidos. Trabalhos educativos junto aos turistas também são algumas dessas iniciativas de caráter voluntário e isolado. Muitas dessas empresas vêm criando códigos de autoconduta, mostrando que as mesmas podem regulamentar seus próprios comportamentos, afastando assim a necessidade de intervenção governamental.

Muitas críticas vêm sendo feitas, também, a essas ações voluntárias das empresas. A questão está no fato de, na grande maioria das vezes, estas estarem preocupadas mais com o meio ambiente — sustentáculo de seus investimentos — e pouco com a socialização dos benefícios gerados pelo turismo. Na verdade, a ação voluntária vem sendo considerada uma cortina de fumo que mascara a necessidade urgente da incorporação de tais empresas no planejamento e gestão participativos.

Embora a indústria do turismo ainda esteja longe de entender a sua função na promoção do turismo sustentável, a Conferência Globo 90, em Vancouver, no Canadá, listou uma série de estratégias e ações que devem ser implementadas pela indústria do turismo (Ministério do Meio Ambiente e da Amazônia Legal / Ministério da Ciência e da Tecnologia, 1994). As estratégias e ações vão desde informações dadas aos turistas, para que possam colaborar na educação ambiental da área visitada, até outras estratégias e ações mais específicas para determinados setores e modalidades da indústria turística. Estariam, ainda, sob responsabilidade da indústria do turismo: a implementação de técnicas que possam usar, de forma sustentável, os solos, as águas e florestas pelo turismo; a redução do lixo e destinação final adequada do mesmo; o uso de forma adequada da energia; a proteção ao turista de locais insalubres, capazes de comprometer a saúde destes; o investimento na conservação e recuperação de patrimônios e meios ambientes degradados; o respeito à herança cultural das comunidades locais, a minimização de impactos causados pelas viagens e o uso de materiais biodegradáveis.

As responsabilidades da indústria do turismo, enquanto ator social, no desenvolvimento do turismo sustentável em escala local, são, em tese, muitas, mas o desafio atual está em aproximá-la do entendimento dessas responsabilidades. A pouca consciência, por parte da indústria do turismo, de que ela é integrante de uma rede de responsabilidades e direitos, é, sem dúvida, na atualidade, um entrave para o desenvolvimento do turismo sustentável.

As responsabilidades das organizações não-governamentais, frente à adoção de práticas sustentáveis para o turismo, são significativas. Historicamente, as organizações não-governamentais, interessadas no fato turístico, vêm desempenhando um papel de pressão, frente às estratégias e ações das indústrias do turismo e das organizações governamentais. É o caso, por exemplo, do grupo de pressão do turismo sustentável mais influente do Reino Unido: o *Tourism Concern,* preocupado com o aspecto social e econômico do turismo sustentável (Swarbrooke, 2000). As estratégias e ações estão preocupadas com a minimização ou com a contenção dos impactos negativos advindos do turismo não planejado sob as bases da sustentabilidade. Preocupações com a supervalorização da terra e com o deslocamento da população local, frente ao fato turístico, para áreas pouco valorizadas e com a qualidade do ambiente comprometida são pertencentes a este grupo.

No tocante às pesquisas, as ONGs podem, também, ter papel relevante. Trabalhos referentes ao crescimento do turismo, perfil do turista ou mesmo trabalhos científicos podem estar a cargo dessas organizações. Algumas ONGs detêm em seus quadros técnicos especializados que podem dar conta, junto aos órgãos governamentais, de pesquisas referentes ao planejamento do uso do solo, ao zoneamento do turismo, aos estudos de EIAS-RIMAS e capacidade de suporte. Para tanto, as ONGs têm, como um de seus papéis, a busca de recursos financeiros para a pesquisa do turismo sustentável e para a conservação ambiental.

As ONGs, em seu papel social, na busca do desenvolvimento sustentável, podem executar, também, trabalhos educativos junto aos turistas e populações locais. Em relação às populações locais são de grande valia os trabalhos que possam fortalecer os laços de pertencimento local e de valorização da auto-estima dos moradores, bem como aqueles de identificação das heranças culturais, passíveis de atrativos turísticos.

Organizações não-governamentais, como cooperativas, consórcios, trustes sem fins lucrativos, associações de moradores, que tendem a convergir mais para os interesses da população local, podem, em suas localidades, ter um peso significativo na determinação dos limites das mudanças aceitáveis decorrentes do turismo.

A comunidade local é, também, importante protagonista no jogo do turismo sustentável. Enquanto ator social, não constitui um bloco monolítico de interesses, estruturando-se em grupos diferenciados e particulares. Portanto, não se trata de um único grupo de atores sociais, necessariamente, sob bases consensuais, no que toca aos seus anseios e desejos, frente ao destino das atividades turísticas de uma determinada localidade (Swarbrooke, 2000).

Muitas vezes, os conflitos caracterizam mais os diferentes grupos sociais de uma comunidade do que o consenso. Neste sentido, pode-se dizer que há muitos grupos de interesses dentro de uma mesma comunidade, sendo fundamental que o fato seja tomado na sua real importância, para que se possa caminhar para a sustentabilidade da atividade turística, com a consciência das dificuldades que serão encontradas.

Apesar dos conflitos existentes, é necessário que a comunidade local avance para além das ações reativas e sobre o papel de mera consultora de políticas públicas, muitas vezes já preestabelecidas. O que se espera para o planejamento e a gestão sustentáveis do turismo é que a população local possa ser proativa, participando em todas as etapas do planejamento e da gestão da atividade.

A participar, diretamente, na elaboração de inventários dos recursos turísticos, nos estudos de potencialidades turísticas, na identificação daquilo que é considerado como herança numa comunidade, cabe, também, às comunidades locais a participação ativa na decisão do turismo desejável para a sua localidade, estabelecendo os limites aceitáveis de mudança para a comunidade como um todo.

A identificação de possíveis impactos ambientais, advindos do turismo, e as proposições de medidas de prevenção e correção são passíveis de execução pelas comunidades. Numa atitude proativa, a comunidade pode vir a garantir que os benefícios do turismo se estendam até ela e que seus patrimônios sejam salvaguardados e possam permanecer para as gerações futuras.

6. Conclusões

O forte crescimento da atividade turística, como um todo, vem causando sérios impactos socioambientais. A indústria sem chaminés há algum tempo demonstra seu poder de degradação, seja do meio ambiente natural ou antrópico. Acompanhando o rastro dos impactos socioambientais, propostas alternativas de um turismo mais respeitoso com o meio ambiente, com as comunidades locais e com a satisfação do turista começam a surgir. A proposta de um turismo sob as bases da sustentabilidade vem abraçando cada vez mais adeptos, e experiências já vêm sendo implementadas em todo o mundo.

O turismo sustentável, no entanto, apresenta condições para que as idéias se transformem em ação. A discussão do turismo sustentável, sob o enfoque do legado cultural, do planejamento e da gestão participativa, na escala local, emerge em documentos oficiais e discussões acadêmicas. É pelo reconhecimento do que é patrimônio que uma comunidade pode fazer do turismo uma atividade de importância para as gerações atuais e futuras. Neste sentido, a participação dos diferentes atores sociais no planejamento e monitoramento da atividade é de grande valia, maximizando os impactos positivos, possibilitando melhor distribuição dos benefícios dele decorrentes e levando a uma maior proteção ambiental.

7. Referências Bibliográficas

ALMEIDA, J. R., ORSOLON, A.M. & MALHEIROS, T. *et al.* (1993). Planejamento Ambiental. Editora THEX, Rio de Janeiro, 154 pp.

BARRETO, M. (1997). Manual de Iniciação ao Estudo do Turismo. Papirus Editora, São Paulo, 163 pp.

______ (2000). Turismo e Legado Cultural. Papirus Editora, São Paulo, 96 pp.

BOCAYUVA, C. A. Transição em Curso e o Eixo Cidadania-Trabalho. (1999). *In*: Ciclos de Debates — Desenvolvimento local no contexto metropolitano. FINEP/Ministério da Ciência e da Tecnologia/Agenda Social Rio. Rio de Janeiro, 10 pp.

BOFF, L. (1993). Ecologia, Mundialização e Espiritualidade. Editora Ática, Rio de Janeiro, 80 pp.

______ (1994). A Nova Era: civilização planetária. Editora Ática, Rio de Janeiro, 87 pp.

______ (1997). Grito da Terra, Grito dos Pobres. Rio de Janeiro: Editora Ática, Rio de Janeiro, 341 pp.

BOO, E. (1995). O Planejamento Ecoturístico para as Áreas Protegidas. *In*: Ecoturismo: um guia para o planejamento e gestão. Editora SENAC, São Paulo, pp. 31-58.

CARSON, R. (1962). Silent Spring. Houghton Mifflin Company, Boston.

CIFUENTES, M. (1992). Determinación da Capacidad de Carga Turística en Areas Protegidas. Publicação Patrocinada pelo Fundo Mundial para a Natureza (WWF), Turrialba, Costa Rica, 29 pp.

COLE, D. (1991). Changes on Trails in the Selway — Bitterroo Wildness, Montana, 1978-89. Department of Agriculture — Forest Service, Intermountain Research Station, United, States, n. 450, 1-5.

COLE, D. & BAYFIELD, N. (1992). Recreational Trampling of Vegetation: Standart Experimental Procedures. Revist Biological Conservation, United States, v. 4, n. 63, 209-215.

COLE, D. (1995). Recreational Trampling Experiments: effects of trampler welght and shoe type. Department of Agriculture — Forest Service, Intermountain Research, United States, n. 425, 1-4.

COMISSÃO DE DEFESA DO CONSUMIDOR, MEIO AMBIENTE E MINORIA. (1995). A Agenda 21. Brasília: Centro de Documentação e Informação — Coordenação de Publicação, Brasília, 469 pp.

DIEGUES, A. C. (1997). Ilhas e Sociedades Insulares. NUPAUB-USP, São Paulo, 239 pp.

DOWBOR, L. (1999). Reprodução Social e Paradigmas de Gestão — Desenvolvimento local no contexto metropolitano. FINEP/Ministério da Ciência e Tecnologia/Agenda Social Rio, Rio de Janeiro, 10 pp.

FIGUEIREDO, S. L. (1996). Turismo e Cultura: um estudo de modificações culturais no município de Soure em decorrência da exploração do turismo ecológico. *In*: Turismo: Impactos Socioambientais. Hucitec, São Paulo, pp. 207-222.

KRANS, P. Pequeno Guia — Agenda 21 local. Hipocampo Editorial, Rio de Janeiro, 123 pp .

KRIPPENDORF, J. (2000). Sociologia do Turismo. Editora Aleph, São Paulo, 186 pp.

LAGE, B.H.G. & MILONE, P.C. (1996). Economia do turismo. São Paulo: Papirus Editora, 122 pp.

LEMOS, A. I. G (org.). (1996). Turismo — Impactos socioambientais. Editora Hucitec, São Paulo, 305 pp.

LOVELOCK, J. (1989). Gaia — Um olhar sobre a vida na Terra. Editora 70, Rio de Janeiro, 167 pp.

McLUHAN, T. C. (1986). Pés Nus sobre a Terra Sagrada. L & PM Editora, Porto Alegre, 119 pp.

MILONE, M.C. & MILONE, P. C. (2000). Perspectivas do Turismo no Terceiro Milênio. *In*: Turismo: teoria e prática. Editora Atlas, São Paulo, pp. 353-372.

MINISTÉRIO DO MEIO AMBIENTE E DA AMAZÔNIA LEGAL/MINISTÉRIO DA CIÊNCIA E DA TECNOLOGIA. (1994). Diretrizes para Uma Política Nacional de Ecoturismo. Brasília, 48 pp.

MINISTÉRIO DO MEIO AMBIENTE E DA AMAZÔNIA LEGAL. (2000). Cidades Sustentáveis. Brasília, 155 pp.

ORGANIZAÇÃO MUNDIAL DO TURISMO. (1997). Desenvolvimento de Turismo Sustentável: manual para organizações locais. Organização Mundial do Turismo, Brasília, 217 pp.

______ (1999). Código de Ética do Turismo. EMBRATUR/ Ministério dos Esportes e do Turismo / Governo Federal, Brasília, 1999, 6 pp.

OLIVEIRA, A. P. O. (2000). Turismo e Desenvolvimento — Planejamento e organização. Editora Atlas S.A, São Paulo, 175 pp.

PAGANINI, M. I., SHIAVETTI, A. & NORAES, M. E. B. *et al.* (1995). As Trilhas Interpretativas da Natureza e o Ecoturismo. *In*: Turismo — Impactos socioambientais. Hucitec, São Paulo, pp. 151-163.

PORTUGUEZ, A. P. (1999). Agroturismo e Desenvolvimento Regional. Editora Hucitec, São Paulo, 127 pp.

RUSCHMANN, D. (1997). Turismo e Planejamento Sustentável. Papirus Editora, São Paulo, 199 pp.

SEABRA, L. (1999). Determinação da Capacidade de Carga Turística para a Trilha Principal de Acesso à Cachoeira de Deus, Penedo, RJ, P. 177. Dissertação (Mestrado em Ciência Ambiental — Universidade Federal Fluminense).

______ (2000). Turismo e legado cultural. Revista de Pós-Graduação em Geografia, Rio de Janeiro. No prelo.

SCHEURMANN, E. (s/data). O Papalagui. Marco Zero, São Paulo, 105 pp.

SCHUMACHER, E. F. (1973). O Negócio É Ser Pequeno. Zahar Editores, Rio de Janeiro, 4ª ed., 261 pp.

SOUZA, M. (1997). Como Pode o Turismo Contribuir para o Desenvolvimento Local? *In*: Turismo — Desenvolvimento local. *Hucitec*, São Paulo, pp. 17-22.

SWARBROOKE, J. (2000). Turismo Sustentável — meio ambiente e economia. Aleph Editora, São Paulo, 114 pp.

_______ (2000a). Turismo Sustentável — Setor público e cenários geográficos. Aleph Editora, São Paulo, 114 pp.

_______ (2000b). Turismo Sustentável — Conceitos e impacto ambiental. Aleph Editora, São Paulo, 140 pp.

_______ (2000c). Turismo Sustentável — Gestão e *marketing*. Editora Aleph, São Paulo, 132 pp.

TRIGO, L. G. G. (1996). Turismo e Qualidade — Tendências contemporâneas. Papirus Editora, São Paulo, 115 pp.

YÁSIGI, E. (1999). Turismo — Uma esperança condicional. Global Editora, São Paulo, 190 pp.

CAPÍTULO 6

ENCOSTAS E A QUESTÃO AMBIENTAL

Antonio José Teixeira Guerra

1. INTRODUÇÃO

Com exceção dos fundos de vales e topo de chapadas, quase todas as terras emersas são constituídas por encostas. Elas podem ocupar paisagens inteiras em determinadas partes da superfície terrestre. Goudie (1985) conceitua encosta como sendo uma forma tridimensional produzida por intemperismo e erosão, com elementos basais, os quais podem ser de origem deposicional ou erosiva.

O desenvolvimento das encostas é, conseqüentemente, o principal resultado da denudação, e o estudo dessas feições possui um caráter de grande importância para a Geomorfologia. Esta estuda as formas de relevo, os processos que dão origem a essas formas e os seus materiais constituintes, tendo um papel significativo na compreensão dos ambientes transformados pelo homem. Qualquer obra que o homem realize sobre uma encosta poderá afetar as formas de relevo. Isso vai depender da natureza da obra realizada e dos materiais que constituem a área ocupada.

A intervenção humana sobre o relevo terrestre, quer seja em áreas urbanas ou rurais, demanda a ocupação e a transformação da superfície do terreno. Dependendo do tamanho dessa intervenção, das práticas conservacionistas utilizadas e dos riscos geomorfológicos envolvidos, os impactos ambientais associados poderão causar grandes prejuízos ao meio físico e aos seres humanos.

Dessa forma, este capítulo aborda em que medida a Geomorfologia pode fornecer subsídios, não só para a utilização racional das encostas, bem como o seu conhecimento e aplicação podem proporcionar uma ocupação mais adequada, permanente e segura da superfície terrestre.

2. Ambientes das Encostas

As encostas ocupam a maior parte da superfície terrestre. Segundo Abrahams (1986), em áreas com feições erosivas a paisagem é quase que inteiramente formada por encostas, com exceção dos fundos de vales. Conseqüentemente, as encostas são um foco de grande atenção na pesquisa geomorfológica. Seu estudo é fundamental para a compreensão das paisagens naturais, bem como para a sua aplicação ao controle da erosão dos solos nas terras agrícolas e à prevenção contra a ocorrência de movimentos de massa (Abrahams, 1986; Morgan, 1986; Goudie, 1995; Guerra, 2001 e 2002).

Os profissionais envolvidos com o estudo das encostas — geomorfólogos, geólogos, engenheiros, biólogos e outros — estão preocupados com os processos que ocorrem nesses ambientes. O que pode variar são as técnicas e métodos que cada um desses especialistas utiliza para estudar as encostas (Petley, 1984). O principal aspecto é compreender a natureza do terreno e as respostas que esse terreno pode dar às mudanças provocadas, ou não, pelo homem. Essas mudanças podem ocorrer a curto, médio e longo prazos. Segundo Petley (1984), no passado pensava-se que os engenheiros e geólogos estavam mais preocupados com a estabilidade das encostas "artificiais" (transformadas pelo homem), enquanto os geomorfólogos tendiam a concentrar seus esforços no estudo das encostas ditas naturais. Nos últimos 30 anos tem-se observado que tanto os engenheiros, como os geólogos e os geomorfólogos têm se preocupado tanto com as encostas transformadas pelo homem, como com as encostas que ainda não sofreram nenhum tipo de intervenção.

As encostas variam bastante em forma, comprimento e declividade, de um local para outro e, algumas vezes, podem variar bastante, num mesmo local. Essas variações devem-se a diferenças geológicas, pedológicas, geomorfológicas e climáticas. Seu estudo é tão importante que Small e Clark (1982) chegaram a empregar a expressão *Geomorfologia das encostas,* enfatizando o papel dos fatores que explicam as variações existentes entre as encostas e que ligações existem entre esses fatores. Dessa forma, este item aborda as características naturais das encostas e aquelas transformadas pelo homem (características antropogênicas).

2.1. Características Naturais das Encostas

As encostas constituem uma forma de relevo básica, presente em qualquer parte da superfície terrestre e, portanto, têm sido analisadas exaustivamente pelos geomorfólogos. Além disso, afetam diretamente as atividades humanas, tais como agricultura, construção de rodovias e ferrovias, expansão urbana, mineração, atividades de lazer etc. Dessa forma, seu estudo tem grande importância, porque o mau uso das encostas pode provocar riscos aos seres humanos e às suas atividades econômicas. Conseqüentemente, a compreensão dos mecanismos de desenvolvimento das encostas constitui uma tarefa primordial para a Geomorfologia Aplicada (Small e Clark, 1982).

Várias podem ser as maneiras de se abordar o estudo das encostas; desde a sua origem e evolução, as taxas de denudação, suas formas, seu comprimento, declividade, espessura, presença de descontinuidades, microtopografia etc. Todas essas características podem ser causa e conseqüência dos processos geomorfológicos, ou seja, ao mesmo tempo que a forma das encostas influi sobre os processos atuantes, esses também podem, gradativamente, mudar essas formas (Small e Clark, 1982: Parsons, 1988; Goudie e Viles, 1997).

Apesar de ser possível, para efeito didático e/ou de mensuração e análise, separar cada um desses parâmetros, é da inter-relação entre eles que as encostas evoluem, interferem e sofrem a influência dos processos geomorfológicos. Daí sua alta complexidade e, ao mesmo tempo, sua importância dentro da Geomorfologia.

Com relação ao comprimento da encosta, medida entre o topo do interflúvio e o fundo do vale, esse pode variar de dezenas de metros, geralmente em áreas de relevo mais montanhoso, até alguns quilômetros, em superfícies de topo de planaltos e chapadas, com relevo de menor declividade. Sua influência se dá, principalmente, nos processos erosivos acelerados.

Quanto às formas das encostas, estas podem ser classificadas em côncavas, convexas e retilíneas. Raramente elas apresentam, ao longo do seu perfil, um único tipo de forma, mas combinações entre si. Além disso, as formas podem ser classificadas levando-se em conta suas características em planta e em perfil. Sendo assim, podem ser estabelecidas nove combinações (**Figura 6.1**), considerando-se as formas côncavas, convexas e retilíneas, em perfil e em planta (Parsons, 1988). Estas podem ser apresentadas em mapas, em especial quando as cartas topográficas disponíveis são bem detalhadas e precisas.

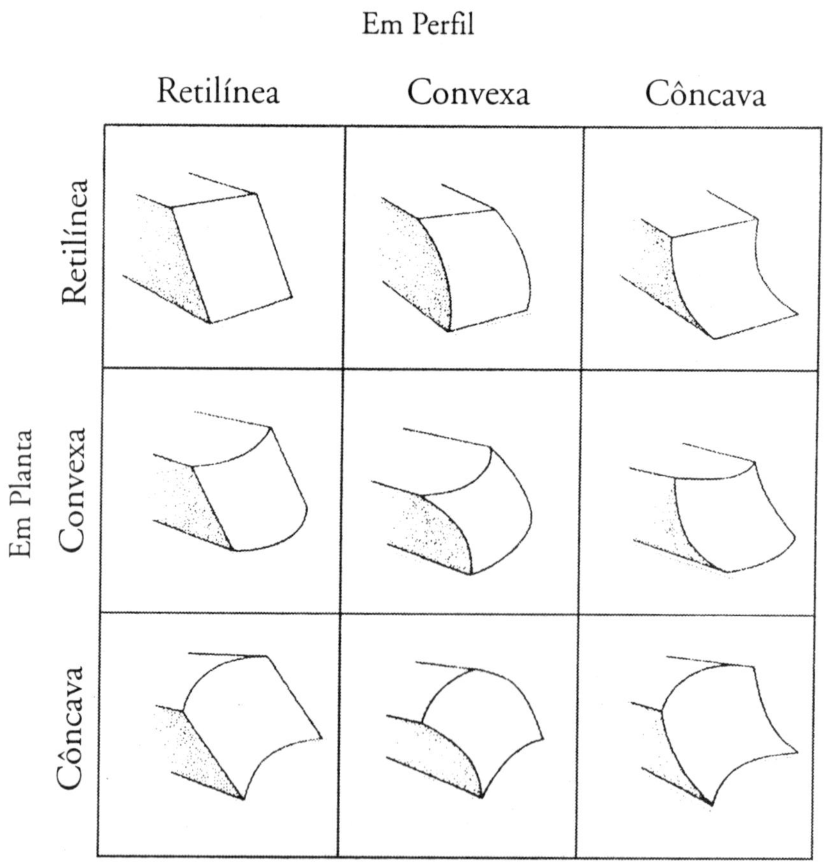

Figura 6.1 — Nove combinações de formas das encostas, em planta e em perfil (Parsons, 1988).

Vários pesquisadores têm enfatizado o papel das formas das encostas na Geomorfologia (Lewin, 1966; Small e Clark, 1982; Hadley *et. al.*, 1985; Morgan, 1986; Brook e Marker, 1988; Parsons, 1988; Goudie, 1995; Cunha e Guerra, 2000; Guerra, 2001 e 2002). No entanto, um dos trabalhos mais detalhados e completos é o de Lewin (1966), no qual o pesquisador mostra que os perfis das encostas variam bastante na região de New Forest, Inglaterra, predominando, entretanto, os perfis convexo-retilíneo-côncavos, do topo para a base da encosta. Os autores citados concordam com Lewin (1966) e atribuem uma série de parâmetros para explicar essas formas, tais como: clima, estruturas geológicas, litologia etc.

Apesar de as formas das encostas poderem ser examinadas em separado, na prática os processos geomorfológicos dominantes operam sobre essas superfícies, devido a outros fatores, como clima, geologia, cobertura vegetal, uso e manejo do solo. Mesmo assim, Small e Clark (1982) destacam algumas características das encostas em relação aos processos operantes. Por exemplo, esses autores apontam que em regiões úmidas os segmentos retilíneos das encostas são mais importantes do que se acreditava algum tempo atrás. Tais segmentos ocupam geralmente a parte central mais íngreme do perfil, formando paredões abruptos de relevo acentuado, com rocha resistente ao intemperismo, ou então áreas do perfil, com encostas controladas por processos típicos de baixa declividade.

As encostas de forma convexa são características de processos de *creep* (rastejamento), erosão por *splash* (salpicamento) e divergência de fluxos, com lavagem da superfície do terreno. As concavidades são associadas tanto à erosão como à deposição, causadas pela água.

Em relação à litologia, esta também exerce uma forte influência sobre as formas das encostas. Por exemplo, Fourneau (1960, *in* Parsons, 1988) observou, numa área da Bélgica Central, que a maior parte das encostas convexas correspondia aos arenitos, mas essa proporção caía para 50% nos calcários e para menos de 50% nos folhelhos.

Segundo Parsons (1988), devido à grande variabilidade de formas das encostas associadas com tipos de rocha, além das diversas influências climáticas, os exemplos são inúmeros, relacionando tipos de rochas com formas das encostas. Além disso, há que se considerar, também, o grau de fraturamento e presença de juntas nessas rochas, que podem influenciar na evolução das encostas. Dessa maneira, Parsons (1988) afirma que qualquer conclusão que possa um dia surgir, com relação à influência do tipo de rocha sobre as formas das encostas, é mais provável que se deva a um consenso de estudos bem diversos do que do resultado de um ou mais experimentos controlados.

À medida que os processos modelam as encostas, pode-se pensar que as formas dependem dos processos atuantes. Mas, segundo Parsons (1988), isto seria uma simplificação que não leva em consideração o controle temporal, nas relações de causa e efeito, ou seja, por causa dos mecanismos de *feedback,* a longo prazo os processos controlam as formas, mas, a curto prazo, as formas das encostas determinam os processos atuantes.

No que diz respeito à declividade das encostas, também existem muitas controvérsias. Assim como na forma das encostas, vários fatores controlam a sua declividade, sendo que, nesse caso, a geologia tem um papel fundamental, podendo determinar, a princípio, encostas com elevada declividade. Tal variável pode ser medida diretamente no campo, com um aparelho chamado clinômetro, ou, então, pelas cartas topográficas, em que se leva em conta a distância entre as curvas de nível. Quanto mais detalhada for a escala do mapa, maiores serão as possibilidades de se produzirem mapas em que a distribuição espacial das declividades esteja mais bem representada. Estas podem ser medidas em graus ou em percentagem. Segundo Small e Clark (1982), os engenheiros e geólogos tendem a fazer medidas em percentagem, enquanto os geomorfólogos, em graus. Uma tabela de conversão é aqui apresentada (**Tabela 6.1**).

É importante assinalar que o gradiente das encostas (declividade, que é expressa em graus ou em percentagem) não fornece a sua forma, ou seja, diferentes declividades podem ocorrer sob diferentes formas de encostas e diferentes tipos de solos e rochas, ou seja, é simplificar por demais a questão dos riscos de erosão dos solos e de movimentos de massa, atribuindo-se um peso elevado a essa variável. Esse peso é maior nos movimentos de massa, pois está relacionado à gravidade, que é fundamental, mas não na erosão, onde encostas com apenas 3° de declividade podem passar por processos de erosão acelerada.

Tabela 6.1. Declividades em graus e em percentagem

Graus	Percentagem
0	0
1	1,8
2	3,5
3	5,2
4	7,0
5	8,8
6	10,5
7	12,3
8	14,1
9	15,8
10	17,6
20	34,4
30	57,7
40	83,9
45	100,0
50	119,2
60	173,2
70	274,8
80	567,1
90	∞

Fonte: Small e Clark (1982)

Uma vez estabelecido o escoamento superficial numa encosta, a declividade passa a ter um peso significante, mas o escoamento não vai se estabelecer como uma função direta da declividade. No entanto, Morgan (1986) chama atenção ao fato de que em encostas mais íngremes possa haver menos erosão, devido à menor disponibilidade de material (solos menos espessos). Além disso, Luk (1979) estudou vários solos em Alberta (Canadá) e concluiu que aqueles de maior erodibilidade situavam-se em encostas de 30°. Poesen (1984) mostrou que nos solos situados em encostas com maiores declividades formam-se menos crostas e, conseqüentemente, a água se infiltra com maior facilidade, havendo menor escoamento superficial.

É da combinação de todas essas características das encostas, em conjunto com a ação climática, que o uso e manejo do solo, nessas superfícies, podem causar sérios impactos em termos de erosão e de movimentos de massa, ou seja, a ação antropogênica pode detonar processos geomorfológicos acelerados e catastróficos. Ao mesmo tempo, a ação do homem, pelo uso e manejo adequados, pode retardar ou até mesmo impedir que esses processos ocorram.

2.2. Ação Antropogênica sobre as Encostas

Por meio do estudo da ação antropogênica é bem fácil mostrar o relacionamento entre o homem e as encostas. Os processos de movimentos de massa e erosão dos solos têm um impacto direto no uso da terra e podem, em casos extremos, constituir riscos à vida humana e às construções (Small e Clark, 1982). Ao mesmo tempo, o impacto antropogênico sobre as encostas naturais representa o principal fator de influência sobre os processos, as formas e a evolução das encostas, de maneira deliberada ou não. Sendo assim, a produção de encostas artificiais, feita por cortes de estrada e para a construção de casas e prédios, mineração, represas, terraços etc., torna-se muito importante, em escala local (Small e Clark, 1982).

Os relacionamentos entre a Geomorfologia e a Engenharia são muito importantes nesse contexto, porque os engenheiros têm uma longa tradição de aplicação de conhecimentos técnicos relevantes para as encostas. Entretanto, falta ainda o desenvolvimento de trabalhos em conjunto entre esses especialistas, em particular, pelo conhecimento dos processos de evolução das encostas que os geomorfólogos vêm estudando há várias décadas. Esse trabalho, em conjunto, poderia resultar em melhores perspectivas para a estabilidade das encostas artificiais, em especial pelas abordagens distintas dos geomorfólogos e dos engenheiros nesse tema de tamanha importância para a sociedade.

A literatura geomorfológica é rica em relação aos processos atuantes nas encostas, mas ainda persistem algumas dúvidas. A principal delas refere-se aos processos relacionados aos movimentos de massa e à erosão dos solos.

A grande maioria dos autores refere-se de forma distinta à erosão dos solos e aos movimentos de massa, não só por meio dos capítulos específicos, sobre cada um desses processos, publicados em livros-textos, mas, também, quando presentes na mesma publicação, explicações distintas são dadas a tais processos (Small e Clark, 1982; Petley, 1984; Abrahams, 1986; Morgan, 1986; Parsons, 1988; Selby, 1990 e 1993; Hasset e Banwart, 1992; Goudie, 1995; Goudie e Viles, 1997; Guerra, 1999, 2001 e 2002; Fernandes e Amaral, 2000; Lima-e-Silva *et al.*, 2000). A propósito disso, Parsons (1988) coloca de forma muito clara que a maioria das encostas evolui sob diversos processos. O autor destaca a importância relativa dos movimentos de massa, com caráter mais esporádico, em contraste com os efeitos produzidos pelo escoamento superficial (*wash*), com caráter mais contínuo, ou seja, na erosão dos solos o processo é mais contínuo e gradativo, e partículas e/ou agregados vão sendo destacados e transportados encosta abaixo. Nos movimentos de massa ocorre um movimento coletivo de solo e/ou rocha, onde a gravidade/declividade possui um papel significativo. A água pode tornar o processo ainda mais catastrófico, mas não é necessariamente o principal agente desse processo geomorfológico.

Selby (1990 e 1993) esclarece a diferença entre erosão dos solos e movimentos de massa em capítulos distintos do seu livro *Hillsope Materials and Processes* (tanto na primeira como na segunda edição), considerado um clássico no estudo das vertentes. Erosão dos solos é abordada no capítulo da 1ª edição, referente à Água nas vertentes (*Water on hillsopes*) e Erosão das encostas pelas gotas de chuva e pela água que se escoa (*Erosion of hillslopes by raindrops and flowing water*, na 2ª edição), enquanto Movimento de massa é abordado no capítulo *Mass wasting of soils* (Desgaste de massa dos solos), tanto na 1ª como na 2ª edições. Neste capítulo, Selby (1990 e 1993) afirma que o desgaste do terreno ou de massa (*mass wasting*) é o movimento de solo ou rocha, encosta abaixo, sob a influência da gravidade, sem a ação direta da água ou do gelo. A ação da água e do gelo pode, entretanto, participar do desgaste do terreno, reduzindo a resistência ao cisalhamento da encosta, contribuindo para o comportamento plástico e fluido dos solos. Nos capítulos referentes à Água nas vertentes (*Water on hillslopes*, 1ª edição) e Erosão das encostas pelas gotas de chuva e pela água que se escoa (*Erosion of hillslopes by raindrops and flowing water*, 2ª edição), o referido autor destaca o papel da água que remove o solo das encostas, mediante uma variedade de processos erosivos, tais como: erosão laminar (*wash*), ravina (*rill*) e voçoroca (*gully*).

No processo relativo ao voçorocamento, Selby (1990 e 1993) explica que uma ravina principal (*master rill*) pode aprofundar e alargar o seu canal, ou seja, evoluir para uma voçoroca, definida como uma expansão de um canal de drenagem, o qual transporta um fluxo efêmero de água, possuindo paredes laterais íngremes, cabeceira vertical, largura maior do que 30cm e profundidade maior do que 60cm. As voçorocas, ainda segundo Selby (1990 e 1993), podem se formar numa ruptura da encosta, ou em áreas onde a cobertura vegetal foi removida, em especial quando o material subjacente for mecanicamente fraco ou inconsolidado. Dessa forma, o referido autor enfatiza que as voçorocas são mais comuns em materiais, tais como: solos profundos formados sobre *loess*; solos de origem vulcânica; aluviões; colúvio; cascalho; areias consolidadas e detritos resultantes de movimentos de massa. Selby (1990 e 1993) aponta também que o aumento do *runoff*, em conjunto com a retirada da vegetação, o aumento das terras cultivadas, as queimadas excessivas e o superpastoreio podem dar origem à erosão por voçorocas.

Goudie (1995) enfatiza que a erosão que ocorre numa encosta é resultante de processos como salpicamento (*rainsplash*), escoamento superficial (*surface wash*) e ravinamento (*rill erosion*), que por sua vez dependem da erosividade da chuva, da erodibilidade dos solos, das características das encostas e da natureza da cobertura vegetal. A propósito disso, Goudie e Viles (1997) também destacam que a erosão dos solos é um processo geomorfológico natural que ocorre em muitos tipos de terreno. Em superfícies com gramíneas ou matas, a erosão ocorre de forma lenta e parece estar balanceada com a formação de solo. Ainda segundo Goudie e Viles (1997), a erosão acelerada ocorre onde os humanos interferem nesse equilíbrio, iniciando pela remoção da cobertura vegetal e continuando pelo uso e manejo inadequados das atividades agrícolas, urbanização, mineração e outras atividades econômicas.

A erosão causada pela ação da água é a mais comum forma de erosão e de maior distribuição espacial na superfície terrestre (Hasset e Banwart, 1992) e, por isso mesmo, é abordada neste capítulo. Ela possui duas fases básicas: a primeira é a remoção (*detachment*) de partículas, que pode também formar crostas no topo do solo, e a segunda é o transporte dessas partículas na superfície. Entretanto, o transporte de material pode também ser feito em subsuperfície, por meio da formação de dutos (*pipes*), com diâmetros que podem variar de poucos centímetros até vários metros. O material que está acima desses dutos pode sofrer o colapso do teto, dando origem a voçorocas.

A água que escoa em superfície, a partir da saturação dos solos e/ou da formação de crostas, forma, antes de escoar, poças que rompem os obstáculos, dando origem ao escoamento superficial. Esse escoamento a princípio é difuso, podendo dar origem, em especial em áreas agrícolas, à erosão em lençol (*sheet erosion*) ou laminar (**Figura 6.2**).

O escoamento difuso, sob a forma de um lençol (*sheetflow*), pode evoluir para uma ravina (**Figura 6.3**). Para chegar a esse estágio, o fluxo de água passa a ser linear (*flowline*) e depois evolui para microrravinas (*micro-rills*) e depois para microrravinas com cabeceiras (*headcuts*). Ao mesmo tempo que essa evolução vai ocorrendo, podem também se estabelecer bifurcações, através dos pontos de ruptura (*knickpoints*) das ravinas, e ser

Figura 6.2 — Erosão em lençol, em área agrícola de Rogate, no sul da Inglaterra. (Foto Antonio J. T. Guerra).

Figura 6.3 — Erosão em ravina, no município de Petrópolis — RJ. (Foto Antonio J. T. Guerra)

então criada uma verdadeira rede de ravinas (*rill network*) na encosta (Merritt, 1984; Guerra, 1999 e 2001).

Caso a ação da água, que se escoa de forma concentrada nas ravinas, continuar o seu trabalho de aprofundamento lateral e vertical, pode acabar formando uma voçoroca (**Figura 6.4**), que pode, em alguns casos, atingir o lençol freático e/ou o substrato rochoso. Existem várias formas de classificação das voçorocas nas literaturas nacional e internacional. Nós aqui optamos por adotar a classificação proposta pelo Glossário de Ciência dos Solos, dos Estados Unidos (1987), que estipula um limite entre ravinas e voçorocas. Segundo esse Glossário, as voçorocas possuem mais de meio metro de largura e de profundidade. Essa classificação é seguida por vários pesquisadores brasileiros, dentre eles Oliveira (1999), Ramalho (1999), Marçal (2000) e Guerra (2001 e 2002).

A combinação dos processos de erosão em lençol, ravina e voçoroca, além de rebaixar a superfície do terreno, provoca a redução do teor de

Figura 6.4 — Erosão em voçoroca, no município de Sorriso — MT. (Foto Antonio J. T. Guerra)

matéria orgânica e de elementos minerais, que podem dificultar, ou mesmo impedir, a agricultura nessas áreas. Os solos, além de passarem pelos processos de erosão, tornam-se degradados, podendo contribuir para a desertificação, como tem acontecido em partes da África e do Nordeste brasileiro.

Com relação aos movimentos de massa, muito esforço tem sido feito na mensuração das taxas em que as diversas formas de movimentos de massa ocorrem na superfície terrestre (Goudie, 1995). A propósito disso, Petley (1984) descreve muito bem os principais objetivos do estudo dos movimentos de massa:

1) compreender o desenvolvimento das encostas naturais e os processos que têm contribuído para a formação de diferentes feições naturais;
2) tornar possível a estabilidade das várias encostas, sob diferentes condições;
3) poder estabelecer o risco de deslizamento ou outras formas de movimentos de massa, envolvendo encostas naturais ou artificiais;
4) facilitar a recuperação de encostas que sofreram movimento de massa, bem como o planejamento, mediante medidas preventivas, para que tais processos não venham a ocorrer;
5) analisar os vários tipos de movimentos de massa que tenham ocorrido numa encosta e definir as causas desses processos;
6) saber lidar com o risco de fatores externos na estabilidade das encostas, como, por exemplo, os terremotos.

Para que se atinjam os objetivos descritos acima, Petley (1984) destaca que o pesquisador deve ter em mente as limitações de tempo, recursos financeiros e técnicos disponíveis, bem como a complexidade do ambiente geológico.

A terminologia é vasta e cada autor usa termos semelhantes para caracterizar determinados processos. Desses, talvez o mais empregado seja *landslide*, traduzido para o português como deslizamento e/ou escorregamento. A propósito disso, Coates (1977, *in* Hansen, 1984) lista os principais pontos em comum, dentre vários pesquisadores, para caracterizar os *landslides*:

1) representam um tipo de fenômeno incluído dentro dos movimentos de massa;
2) a gravidade é a principal força envolvida;
3) o movimento deve ser moderadamente rápido, porque o *creep* (rastejamento) é muito lento para ser incluído como *landslide*;
4) o movimento pode incluir deslizamento e fluxo;
5) o plano de cisalhamento do movimento não coincide com uma falha;
6) o movimento deve incluir uma face livre da encosta, excluindo, portanto, subsidência;
7) o material deslocado possui limites bem definidos e, certamente, envolve apenas porções bem definidas das encostas;
8) o material transportado pode incluir partes do regolito e/ou do substrato rochoso.

Apesar das inúmeras classificações e terminologias relacionadas aos movimentos de massa, que podem chegar a confundir o leitor, Fernandes e Amaral (2000) abordam, de forma muito objetiva e clara, o assunto, propondo a seguinte classificação:

a) **Corridas** (*flows*): são movimentos rápidos, onde os materiais se comportam como fluidos altamente viscosos. Elas estão associadas com a grande concentração de água superficial (**Figura 6.5**);
b) **Escorregamentos** (*slides*): caracterizam-se como movimentos rápidos de curta duração, com planos de ruptura bem definidos. São feições longas, podendo apresentar uma relação de 10:1, comprimento-largura. Podem ser divididos em dois tipos:
   b.1. **Rotacionais** (*slumps*): possuem uma superfície de ruptura curva, côncava para cima, ao longo da qual se dá o movimento rotacional da massa do solo (**Figuras 6.6** e **6.7**);
   b.2. **Translacionais**: representam a forma mais freqüente entre todos os tipos de movimentos de massa, possuindo superfície de ruptura com forma planar, a qual acompanha, de modo geral, descontinuidades mecânicas e/ou hidrológicas existentes no interior do material (**Figura 6.8**).

Figura 6.5 — Corrida de terra ao longo do Rio das Pedras, em Jacarepaguá — RJ, em 13/02/96. (Foto Ary Maciel)

Figura 6.6 — Deslizamento rotacional, em solo residual, seguido de corrida de terra, no Bairro de Laranjeiras — RJ, em 18/02/67. (Foto Ary Maciel)

Figura 6.7 — Deslizamento rotacional, em solo residual, na região de Dorset, no sul da Inglaterra, em abril de 1986. (Foto Antonio J. T. Guerra)

Figura 6.8 — Deslizamento planar em solo residual, seguido de corrida de terra, em talude a jusante da rua Dona Castorina e a montante da estrada do Alto da Boa Vista — RJ, em 13/02/[illegible] (Foto Ary Maciel)

c) **Queda de blocos** (*rock falls*): são movimentos rápidos de blocos e/ou lascas de rocha que caem pela ação da gravidade, sem a presença de uma superfície de deslizamento, na forma de queda livre (**Figura 6.9**).

Existe ainda uma categoria denominada *creep* (rastejamento) que Hansen (1984) descreve como sendo definida basicamente pela sua velocidade, devido à natureza lenta do movimento. Segundo Hansen (1984), existem três tipos de *creep*:

1) *creep* sazonal, onde o solo é afetado pelas mudanças sazonais de umidade e temperatura;

Figura 6.9 — Queda de blocos rochosos na favela da Pedra Lisa — RJ, em 15/02/68. (Foto Ary Maciel)

2) *creep* contínuo, onde a força de cisalhamento (*shear stress*) excede a resistência ao cisalhamento (*shear strength*);
3) *creep* progressivo, que está associado com as encostas que atingem o ponto de ruptura por outros tipos de movimento de massa.

O *creep* geralmente é separado dos outros tipos de movimento de massa, devido à grande área transversal e longitudinal que ele ocupa numa encosta, a pequena velocidade do movimento e porque o *creep* sazonal depende muito mais de variações climáticas ao longo do ano do que da gravidade.

Esse subitem procurou mostrar a complexidade existente no estudo do rompimento do equilíbrio das encostas em face de atuação antropogênica. O estudo das encostas ditas naturais, por si só, já é complexo e depende de uma série de variáveis internas e externas aqui destacadas. A ação humana torna esse estudo ainda mais complexo. Portanto, os conceitos aqui emitidos não pretendem fechar a questão, mas, ao contrário, procuram clarear alguns pontos ainda polêmicos e deixam em aberto questões que podem vir a ser mais bem definidas à medida que o estudo das encostas evolui.

Além disso, um dos objetivos é procurar possibilitar que geógrafos, geomorfólogos, geólogos, engenheiros e outros profissionais preocupados com o estudo acadêmico e aplicado das encostas possam usar uma linguagem comum, respeitando as especificidades de cada um desses profissionais.

Dessa forma, entende-se que os conceitos aqui discutidos podem servir também como subsídio teórico-conceitual e ser aplicados àqueles pesquisadores e técnicos que queiram empregar técnicas e métodos para a aplicação de modelos existentes, ou na criação de modelos, para predizerem os riscos de erosão dos solos e dos movimentos de massa nas encostas.

3. Recuperação de Ambientes de Encostas Degradadas

A atuação humana na superfície terrestre tem causado uma série de impactos, onde as encostas têm sofrido toda sorte de formas de degradação. O conhecimento geomorfológico pode dar uma grande contribuição, tanto na prevenção dos processos de degradação, como também na recuperação de áreas impactadas pelas atividades humanas na superfície terrestre.

A Geomorfologia, em conjunto com outros ramos do saber, pode também ser de grande valia para a sociedade. É o caso, por exemplo, da Biotecnologia, como apontam Goudie e Viles (1997). Nesse caso, podem ocorrer significativos benefícios para o ambiente, como, por exemplo, na agricultura, pela redução do consumo de combustível, do uso de pesticidas, do uso de fertilizantes artificiais e, conseqüentemente, diminuindo a poluição dos corpos líquidos e dos lençóis freáticos, com nitratos e fosfatos. Tudo isso poderia aumentar a produção de alimentos, que levaria à menor pressão sobre as áreas de fronteiras agrícolas e ecossistemas naturais remanescentes.

O desmatamento e a ocupação desordenada das encostas têm causado uma série de conseqüências danosas, apontadas neste capítulo. A desertificação de grandes áreas pode ser, a médio e longo prazos, uma das conseqüências mais difíceis de reversão. Essas modificações têm causado a aceleração dos processos erosivos e dos movimentos de massa, que a Geomorfologia, em conjunto com a Engenharia, Geologia, Pedologia e outras ciências, pode contribuir na recuperação desses ambientes degradados. Segundo Small e Clark (1982), o manejo adequado das encostas pode ser auxiliado pelo conhecimento geomorfológico, devido a muitos dos fatores detonadores da instabilidade das encostas serem estudados pela Geomorfologia.

Segundo Parsons (1988), a característica mais óbvia transformada nas encostas pelo homem é a declividade. Isso se aplica igualmente às encostas criadas pelo homem, como cortes de estradas e para mineração, como pela acumulação de materiais resultantes de terraços nas estradas e de despejos industriais e residenciais. Ainda segundo Parsons (1988), os movimentos de massa são a principal forma de risco associada com os rejeitos da indústria extrativa mineral.

O escoamento superficial não é o único processo afetado pelas mudanças no uso da terra. Vários estudos, apontados ao longo desse capítulo, têm demonstrado que os movimentos de massa têm aumentado a sua freqüência, devido à intervenção antropogênica sobre as encostas.

A nosso ver, medidas de recuperação das encostas afetadas pela erosão dos solos e pelos movimentos de massa que não levem em conta os processos geomorfológicos que causaram esses impactos, nem as características hidrológicas, pedológicas e geológicas, podem ter insucesso, ou seja, muitas vezes as técnicas de recuperação adotadas atuam sobre a conseqüência, sem averiguar quais as causas que deram origem a um determinado impacto numa encosta. A propósito disso, Parsons (1988) chama atenção que existem alguns requisitos para se recuperar o terreno, como, por exemplo, numa área de mineração, uma vez que essa atividade tenha cessado, criando uma paisagem artificial. Nesse caso, é preciso considerar-se não apenas a estabilidade das encostas, mas a aparência geral dessa paisagem. O ideal seria que a paisagem artificial fosse bem semelhante às paisagens situadas ao redor da área recuperada. Tal prática, segundo Parsons (1988), depende muito da geomorfologia das encostas, na qual os Modelos Digitais de Elevação (*Digital Elevation Models*) podem ser bastante úteis.

Dessa forma, várias são as maneiras de se recuperar uma encosta que tenha passado por processos erosivos (voçorocas, por exemplo) ou por movimentos de massa. As características físicas de uma área dependem, em grande parte, da natureza dos materiais e dos processos que atuam sobre esses materiais, tanto no presente, como durante sua evolução, ao longo do tempo (Brook e Marker, 1988). Desse modo, mais uma vez a Geomorfologia, por estudar tais materiais e processos, pode dar uma grande contribuição, na recuperação de encostas, em conjunto com a Engenharia, Geologia, Pedologia e outras ciências afins. Nem sempre a melhor solução precisa ser necessariamente um grande muro de arrimo (**Figura 6.10**). Muitas vezes, outras técnicas, ditas naturais e de custo mais baixo, podem trazer os mesmos benefícios, sem transformar tanto a paisagem anterior (**Figuras 6.11a, b** e **c** e **12a** e **b**). Além disso, sua durabilidade pode ser igual ou até maior do que as obras tradicionais de contenção de encostas feitas pela engenharia, em que um grande volume de cimento, areia, ferro, pedras etc. é utilizado.

4. Conclusões

O estudo científico das encostas procurou ser demonstrado ao longo desse capítulo, de maneira a destacar sua importância na compreensão dos problemas ambientais que vivemos. Devido ao fato de grande parte da

Figura 6.10 — Muro de arrimo construído em Petrópolis — RJ, após ocorrência de um deslizamento em janeiro de 1992. (Foto Antonio J. T. Guerra)

Figura 6.11a — Recuperação de área que sofreu erosão por voçoroca, no Jardim Botânico de Goiânia, mostrando a fase inicial da obra, podendo-se notar o começo da drenagem subsuperficial, com tecidos geossintéticos; fase intermediária...

Figura 6.11b — ... mostrando-se as peças de madeira e pedra colocadas no fundo da voçoroca, para desacelerar o escoamento concentrado, e a fase final...

Figura 6.11c — ... com a obra já concluída, vendo-se os taludes revegetados por meio de hidrossemeadura. Pode-se notar a harmonia com a paisagem do Jardim Botânico, devido ao uso de madeira rústica e pedras no talude e nas estruturas drenantes, além das espécies vegetais para o controle dos processos erosivos. (Fotos Vertical Green do Brasil)

Figura 6.12a — Contenção de encosta que sofreu processo de deslizamento em São Luís (MA), por meio da construção de pequenos patamares, onde são colocados sacos com terra e sementes, e a mesma encosta, seis meses mais tarde, onde a vegetação está crescendo, auxiliando a conter a encosta.

Figura 6.12b — Pode-se notar a construção de uma estrutura em concreto, bem no centro da encosta, para convergir os fluxos de água e quebrar sua energia. (Fotos Jane K. S. Mendonça)

superfície terrestre ser formada por encostas, sua ocupação desordenada tem causado uma série de impactos negativos, não só nas encostas (erosão e movimentos de massa), mas também em outras áreas, como o assoreamento de rios, lagos, reservatórios, baías etc., com o material oriundo dessas áreas degradadas. O assoreamento se dá pelo transporte de sedimentos para o rio, proveniente das encostas, bem como pelo lixo.

As taxas pelas quais as encostas evoluem são bastante variadas e afetadas por diferentes fatores. As escalas temporais e espaciais também devem ser consideradas quando se procura analisar e compreender as encostas.

A Geomorfologia tem dado uma grande contribuição ao estudo das encostas e na sua aplicação à compreensão e resolução dos impactos negativos gerados pelo uso da terra e exploração dos recursos naturais.

O conhecimento das formas, dos materiais constituintes e dos processos atuantes nas encostas tem sido de grande utilidade em diversas atividades, tais como: exploração mineral, construção de rodovias e ferrovias, expansão urbana, agricultura, pecuária, construção de pontes, áreas de lazer, construção de barragens e nas obras que envolvem corte de talude e extração de material de empréstimo, em especial nas encostas.

Além disso, o estudo das encostas tem sido de grande valia em projetos de conservação dos solos e da água, no planejamento ambiental e na exploração de recursos naturais.

O estudo das encostas tem sido feito por uma gama variada de especialistas, como geógrafos, geomorfólogos, engenheiros, geólogos e outros. A maioria desses profissionais reconhece a dificuldade em se compreender um sistema tão complexo em que o homem atua. Todos apontam a necessidade de pesquisas interdisciplinares nesse campo para que esse sistema seja mais bem compreendido. Desse modo, melhoram as possibilidades de que se compreendam os processos que provocam mudanças nas encostas e, pelo reconhecimento e interpretação dos depósitos produzidos por processos pretéritos, analisando a sua magnitude e freqüência, procurar compreender a dinâmica atual numa determinada encosta.

5. *Referências Bibliográficas*

ABRAHAMS, A. D. (1986). Hillsope Processes. Allen and Unwin, Londres, Inglaterra, 416 pp.

BROOK, D. & MARKER, B. (1988). Geomorphological Information Needed for Environmental Policy Formulation. *In*: J. M. HOOKE. Geomorphology in Environmental Planning. (org.): John Wiley and Sons Ltd., Plymouth, Inglaterra, pp. 247-260.

CUNHA, S. B. & GUERRA, A. J. T. (2000). Degradação Ambiental. *In*: A. J. T. GUERRA & S. B. CUNHA (orgs.): Geomorfologia e Meio Ambiente. Ed. Bertrand Brasil, Rio de Janeiro, 3ª edição, pp. 337-379.

FERNANDES, N. F. & AMARAL, C. P. (2000). Movimentos de Massa: Uma Abordagem Geológico-Geomorfológica. *In*: A. J. T. GUERRA & S. B. CUNHA (orgs.): Geomorfologia e Meio Ambiente. Editora Bertrand Brasil, Rio de Janeiro, 3ª edição, pp. 123-194.

GLOSSARY OF SOIL SCIENCE TERMS (1987). Soil Science Society of America, Wisconsin, Estados Unidos, 44 pp.

GOUDIE, A. (1985). The Enciclopaedic Dictionary of Phycial Geography. Basil Blackwell Ltd., Oxford, Inglaterra, 528 pp.

______ (1995). The Changing Earth — Rates of Geomorphological Processes. Blackwell Publishers, Oxford, Inglaterra, 302 pp.

GOUDIE, A. e VILES, H. (1997). The Earth Transformed — An Introduction to Human Impacts on the Environment. Blackwell Publishers, Oxford, Inglaterra, 276 pp.

GUERRA, A. J. T. (1999). O Início do Processo Erosivo. *In*: A. J. T. GUERRA, A. S. SILVA & R. G. M. BOTELHO (orgs.): Erosão e Conservação dos Solos — Conceitos, Temas e Aplicações. Editora Bertrand Brasil, Rio de Janeiro, pp. 15-55.

______ (2001). Processos Erosivos nas Encostas. *In*: A. J. T. GUERRA & S. B. CUNHA (orgs.): Geomorfologia — Uma Atualização de Bases e Conceitos. Editora Bertrand Brasil, Rio de Janeiro, 4ª edição, pp. 149-209.

______ (2002). Processos Erosivos nas Encostas. *In*: S. B. CUNHA & A. J. T. GUERRA (orgs.): Geomorfologia — Exercícios, Técnicas e Aplicações. Editora Bertrand Brasil, Rio de Janeiro, 2ª edição, pp. 139-155.

HADLEY, R. F., LAL, R., ONSTAD, C. A., WALING, D. E. & YAIR, A. (1985). Recent Developments in Erosion and Sediment Yield Studies. Technical Documents in Hydrology. International Hydrological Programme, UNESCO, Paris, 127 pp.

HANSEN, M. J. (1984). Strategies for classification of landslides. *In*:

D. BRUNSDEN & D. PRIOR (orgs.): Slope Instability. John Wiley and Sons Ltd, Salisbury, Inglaterra, pp. 1-25.

HASSET, J. J & BANWART, W. L. (1992). Soils and their Environment. Prentice Hall, New Jersey, Estados Unidos, 424 pp.

LEWIN, J. (1966). A Geomorphological Study of Slope Profiles in the New Forest — UK. Tese de Doutorado, Universidade de Southampton, Inglaterra.

LUK, S.H. (1979). Effect of soil properties on erosion by wash and splash. *Earth Surface Processes*, 4, pp. 241-255.

LIMA-E-SILVA, P. P., GUERRA, A. J. T. & DUTRA, L. E. D. (2000). Subsídios para Avaliação Econômica de Impactos Ambientais. *In*: S. B. CUNHA & A. J. T. GUERRA (orgs.): Avaliação e Perícia Ambiental. Editora Bertrand Brasil, Rio de Janeiro, 2ª edição, pp. 217-261.

MARÇAL, M. S. (2000). Suscetibilidade à erosão dos solos no Alto Curso da Bacia do Rio Açailândia — Maranhão. Tese de Doutorado, UFRJ, 208 pp.

MERRITT, E. (1984). The identification of four stages during micro-rill development. *Soil Use and Management*, 13, pp. 24-28.

MORGAN, R. P. C. (1986). Soil Erosion and Conservation. Longman Group, Inglaterra, 298 pp.

OLIVEIRA, M. A. T. (1999). Processos Erosivos e Preservação de Áreas de Risco de Erosão por Voçorocas. *In*: A. J. T. GUERRA, A. S. SILVA & R. G. M. BOTELHO (orgs.): Erosão e Conservação dos Solos — Conceitos, Temas e Aplicações. Editora Bertrand Brasil, Rio de Janeiro, pp. 58-99.

PARSONS, A. J. (1988). Hillslope Form. Routledge, New York, Estados Unidos, 212 pp.

PETLEY, D. J. (1984). Ground investigation, sampling and testing for studies of slope instability. *In*: D. BRUNSDEN & D. PRIOR (orgs.): Slope Instability. John Wiley and Sons Ltd, Salisbury, Inglaterra, pp. 67-101.

POESEN, J. (1984). The influence of slope angle on infiltration rate and Hortonian overland flow volume. *Z. Geomorph. N.F.*, 49, pp. 117-131.

RAMALHO, M. F. J. L. (1999). Evolução dos processos erosivos em solos arenosos entre os municípios de Natal e Parnamirim — RN. Tese de Doutorado, UFRJ, 347 pp.

SELBY, M. J. (1990). Hillslope Materials and Processes. Oxford University Press, Oxford, Inglaterra, 1ª edição, 264 pp.

SELBY, M. J. (1993). Hillslope Materials and Processes. Oxford University Press, Oxford, Inglaterra, 2ª edição, 451 pp.

SMALL, R. J. & CLARK, M. J. (1982). Slopes and Weathering. Cambridge University Press, Cambridge, Inglaterra, 112 pp.

YOUNG, A. & SAUNDERS, I. (1986). Rates of Surface Processes and Denudation. *In*: Hillsope Processes. Allen and Unwin, Londres, Inglaterra, pp. 3-27.

CAPÍTULO 7

CANAIS FLUVIAIS E A QUESTÃO AMBIENTAL

Sandra Baptista da Cunha

1. INTRODUÇÃO

Rios podem ser definidos como um amplo corpo de água em movimento, confinado em um canal, e o termo é usado geralmente para indicar o principal tronco do sistema de drenagem. Suas margens têm sido o centro preferido da habitação humana, e o suprimento de suas águas não só fertiliza os campos para o cultivo, como também fornece energia e permite a recreação.

Canais podem ser caracterizados pelas medições de largura (*widht*), profundidade (*depth*) e velocidade (*velocity*), combinadas com as variáveis descarga (*discharge*, Q), resistência do fluxo (*flow resistance*, n) e declive (*slope*).

Ao longo da história, rios e canais têm mudado de fisionomia, e os estudos dessas mudanças têm sido domínio da Geomorfologia Fluvial. Tradicionalmente, a visão geográfica envolve o método baseado na observação de campo, no reconhecimento das relações entre os processos atuantes nos rios e canais e as formas resultantes, e nas relações entre os tipos de mudanças e as variáveis ambientais locais. Nesse sentido, os rios devem ser examinados sob a ótica das bacias de drenagem, uma vez que refletem a forma de uso do solo e sua dinâmica, além de considerar as dimensões temporal e espacial. A primeira dimensão pode englobar as escalas de curta e longa durações (escala geológica), e a dimensão espacial permite analisar os rios em setores (diferentes sensibilidades de ajustes).

No Brasil, essas mudanças têm sido aceleradas, nas últimas décadas, pelas políticas de desenvolvimento do país (Planos Plurianuais/Eixos Nacionais de Integração e Desenvolvimento, Egler, 1999) e pela desordenada atuação antrópica sobre os ambientes, em especial nas áreas urbanas. Sem dúvida, as extremas mudanças no uso do solo têm influenciado nas alterações da dinâmica fluvial, fornecendo maior volume de vazão e/ou carga excessiva de sedimentos para os rios e canais.

O capítulo enfoca o ambiente dos rios e canais, abordando as características naturais e a degradação dos mesmos, em especial a causada pela atuação antropogênica. Apresenta as recentes pesquisas sobre a recuperação dos rios e canais em desenvolvimento no exterior e no Brasil, esperando contribuir para a melhoria das condições e da sustentabilidade desses ambientes.

2. *Ambiente de Rios e Canais*

Os canais fluviais podem ser efêmeros, quando carregam água apenas durante ou imediatamente após as chuvas; intermitentes, quando neles corre fluxo de água durante alguns meses do ano, ou podem ser perenes, quando possuem vazão o ano inteiro. Normalmente, são abastecidos pela água da chuva, pelo imediato escoamento superficial e pela contribuição do lençol freático (Cunha, 2001). Parte da precipitação percola no solo, segue a zona de saturação e, eventualmente, deságua no rio. Dessa forma, entre os períodos de chuva a vazão é regulada e o fornecimento de água é mantido.

Rios que recebem água da zona de saturação são chamados, também, de efluentes e os que perdem água para o subsolo são chamados de influentes. O regime dos rios e canais depende, em grande parte, da quantidade de água que eles recebem, que varia em função da intensidade e quantidade de chuva, da natureza do solo ou rocha sobre os quais eles fluem e da topografia da superfície.

As medições de vazão do rio e sua relação com as várias formas da água no ciclo hidrológico representam um importante elemento para o conhecimento das fontes e perdas de água no sistema fluvial. Com os dados de vazão/descarga (volume de fluxo por unidade de tempo, expresso por m^3/s) pode ser desenhada a hidrógrafa que mostra a variação da descarga ao longo do tempo e podem ser determinados a vazão total, a vazão de base (contribuição do lençol) e os períodos de alto ou baixo fluxos. Esses dados são de importante aplicação no planejamento da irrigação e desenvolvimento da energia elétrica dos sistemas de drenagem, do suprimento de água e para prever inundações e enchentes.

A hidrógrafa pode mostrar ainda a variação da vazão durante um temporal, indicando sua dependência às características geológicas e geográficas da bacia hidrográfica. Alguns rios apresentam a hidrógrafa com pico alto e pontiagudo, resultante da imediata e elevada contribuição do escoamento superficial e muito pouca absorção da água na bacia de drenagem.

Rios e canais transbordam de seus leitos (inundações, enchentes) pelo menos uma vez a cada dois anos. Entretanto, o intervalo de recorrência (tempo entre enchentes) varia de um rio para outro e com a intensidade da enchente. As conseqüências das enchentes trazem não só riscos de vida para a população (perdas humanas, perdas materiais e doenças por contaminação), como também alteram a morfologia dos canais, importante elemento para a manutenção da ecologia e sustentabilidade dos ambientes aquáticos.

2.1. Características Naturais dos Rios e Canais

O vale fluvial pode ser entendido sob o ponto de vista dos tipos de leito (leito menor, de vazante, maior e maior excepcional), dos tipos de canal (retilíneo, anastomosado e meandrante) e dos tipos de padrão de drenagem (em função do escoamento: exorréico, endorréico e arréico; em função da gênese: conseqüente, subseqüente, obseqüente, resseqüente e inseqüente; e em função da geometria: dendrítico, retangular, paralelo, radial, anelar e irregular). Cada uma dessas fisionomias possui uma dinâmica peculiar das águas correntes, associada a uma geometria hidráulica específica, gerada pelos processos de erosão, transporte e deposição dos sedimentos fluviais (Cunha, 1995).

A associação desses elementos da rede fluvial com a altimetria e os controles estruturais da bacia hidrográfica, que originam importantes níveis de base regionais e locais, permite o desenvolvimento de um perfil longitudinal específico, dinâmico e em constante busca de um equilibrado balanço entre descarga líquida, erosão, transporte e deposição de sedimentos. Desse modo, o rio mantém certa proporcionalidade entre os diferentes tamanhos de sua calha, da nascente à foz. Atividades humanas desenvolvidas em um trecho do rio podem alterar, de diferentes formas e escalas de intensidade, a dinâmica desse equilíbrio. São exemplos as obras de engenharia, como as construções de reservatórios e canalizações e a exploração de alúvios.

Uma das formas que o rio encontra para retornar ao seu equilíbrio anterior refere-se à intensa erosão das margens, assim como à mudança na topografia do fundo do leito (**Figuras** 7.1 e 7.2). Até recentemente, esse tipo de processo de erosão era pouco conhecido, e a pesquisa, em detalhe, teve início na década de 80. A técnica de monitoramento das margens tem sido utilizada para entender os mecanismos que participam desse processo (Fernandez, 1990).

Figura 7.1 — Rio da Bananeira, bacia do rio São João, Rio de Janeiro. Erosão intensa nas margens do canal retificado na década de 70. (25/07/1999). (Foto de S. B. Cunha)

Figura 7.2 — Rio da Bananeira, bacia do rio São João, Rio de Janeiro. Canal retificado na década de 70. Visão das nascentes, observando-se, em primeiro plano, mudanças na topografia do fundo do leito, com formação de soleiras e depressões (25/07/1999). (Foto de S. B. Cunha)

Por outro lado, as formas do fundo do leito são criadas pela interação da descarga e dos sedimentos transportados. Canais com areias bem selecionadas, ou silte, têm suas formas características. Ondas de areia, por exemplo, formam bancos transversos. Essas formas instáveis contrastam com as dos rios de cascalhos, formadas pela alternância de seções rasas e fundas (declives planos e íngremes). Essas soleiras e depressões são de extremo valor para o hábitat natural, são eliminadas pelas obras de canalização e necessitam de longo tempo para a reconstrução natural dessas formas.

Na realidade, o que falta, ainda, é desenvolver novos modelos flexíveis de canalização que permitam a máxima utilização dos recursos hídricos, reduzindo a degradação ambiental. Isso inclui o planejamento e a construção de soleiras e depressões ou, em último caso, a ampliação da diversidade das condições de fluxo que simule essas formas, o que significa aplicar os processos fluviais naturais aos modelos de leitos canalizados. Muitos projetos de canalização, em rios de cascalhos, nos Estados Unidos, Inglaterra e Alemanha, tiveram um aumento da produtividade biológica pela adição das soleiras e depressões ao canal projetado.

2.2. Atuação Antropogênica sobre os Rios e Canais

Ao longo da história, os rios têm sido utilizados como vias de penetração para o interior e facilitado o crescimento de aglomerados urbanos e áreas cultivadas, uma vez que a água é um recurso fundamental para a sobrevivência humana. Dessa forma, os rios espelham, de maneira indireta, as condições naturais e as atividades humanas desenvolvidas na bacia hidrográfica, sofrendo, em função da escala e intensidade de mudanças nesses dois elementos, alterações, efeitos e/ou impactos no comportamento da descarga, carga sólida e dissolvida, e poluição das águas. Na maioria das vezes, os fatores naturais (topografia, geologia, solos, clima e vegetação) podem iniciar os desequilíbrios que serão agravados pelas atividades humanas na bacia hidrográfica, especialmente pelo manejo inadequado dos solos urbano e rural (Cunha, 2000). São exemplos a substituição das matas ciliares por terras cultivadas e o avanço do processo de urbanização.

Os desmatamentos indevidos, não controlados pela legislação, e o crescimento de áreas urbanas sem as necessárias condições de manutenção de áreas verdes, para permitir o equilíbrio do ciclo hidrológico, sem as mínimas condições de saneamento (lixo, sedimentos e esgoto), são exemplos de impactos indiretos, oriundos da bacia de drenagem e que causam a degradação dos canais.

Outra forma de degradação do canal relaciona-se à participação direta nos canais, por meio da atividade mineradora (alúvios) e de obras de engenharia, como a canalização (retificação, alargamento e aprofundamento do canal), barramentos para controle de vazão e construção de pontes e diques artificiais (**Figuras** 7.3 e 7.4). A intensidade da degradação, proveniente desses impactos diretos, é função da intensidade da exploração mineradora, da dimensão da obra e das técnicas utilizadas. No vasto terri-

Figura 7.3 — Rio Bengalas, Nova Friburgo, Rio de Janeiro. Paisagem bucólica do canal, em 21/11/2000, apresentando erosão nas margens e instabilidade da mureta. Observar o papel das raízes na manutenção dos sedimentos das margens. (Foto S. B. Cunha)

Figura 7.4 — Rio Bengalas, Nova Friburgo, Rio de Janeiro. Paisagem em 22/03/2002. Placas de concreto revestem as margens, as árvores foram retiradas e a paisagem foi artificializada. Paisagem ideal? (Foto S. B. Cunha)

tório brasileiro são inúmeros os exemplos de formas de degradação dos rios e canais, citando-se como principais: a alteração nas dimensões da calha, proveniente da excessiva erosão das margens e do assoreamento, provocados pela chegada de maior volume de sedimentos. Nas áreas urbanas, esse volume é acrescido pela contribuição do lixo, dando origem à formação de bancos e ilhas, reduzindo a capacidade do canal e favorecendo as inundações e a qualidade da água (**Figura** 7.5).

A degradação dos rios e canais pode ser identificada pelos indicadores de degradação, como, por exemplo, o processo histórico e o uso da vegetação ciliar nos levantamentos das seções transversais no campo (Park, 1995). São indicadoras de alargamento do canal: as margens erodidas e

Figura 7.5 — Assoreamento do rio Beberibe, Região Metropolitana de Recife (1999), pelo aumento do volume de sedimentos e lixo no canal. (Foto S. B. Cunha)

solapadas; as raízes expostas; as árvores inclinadas e deformadas; a erosão atrás das árvores e as árvores crescendo dentro do canal. A área marginal de proteção dos rios e canais é importante elemento de preservação e para a estabilidade do regime hidrológico. Dessa forma, margens vegetadas são indícios de redução da largura do canal e menor atuação da erosão marginal. São exemplos, nas grandes redes de drenagem do Brasil, o forte assoreamento, com a criação de bancos marginais e a erosão diferencial nas margens do Rio Araguaia, nas proximidades de Aruanã, Fazenda de Dumbazinho (**Figuras** 7.6, 7.7 e 7.8), onde a erosão diferencial atinge 15cm por ano e corresponde ao local onde o governo planeja aprofundar o leito próximo a uma das margens para fazer um corredor fluvial direcio-

Figura 7.6 — Erosão diferencial nas margens do rio Araguaia, na Fazenda Dumbazinho (Aruanã), em maio de 2001. (Foto S. B. Cunha)

Figura 7.7 — Forte assoreamento e formação de depósitos marginais no rio Araguaia, entre Aruanã e Cocalinhos, em maio de 2001. Presença de material fino (silte e argila) e marcas dos diferentes níveis da água. (Projeto do IESA/UFG) (Foto S. B. Cunha)

nado ao escoamento da produção agrícola; assoreamento nos baixos cursos dos rios São Francisco e Paraíba do Sul; exposição de raízes, extinção de ambientes ribeirinhos e forte assoreamento no fundo do canal e margens do Rio Paraguai (**Figura** 7.9). Mota (2001), avaliando a erosão marginal e o transporte de sedimentos na subbacia do Riacho Fundo, Brasília, Distrito Federal, identificou que a remoção de sedimentos, em todas as margens monitoradas, mostrou-se mais acentuada nas partes alcançadas pela flutuação do nível da seção molhada. Assim, nas porções do perfil transversal que permaneceram submersas foram registradas as menores retiradas de sedimentos de toda seção. Não podemos esquecer que os sistemas fluviais necessitam de dezenas e, às vezes, centenas de anos para ajustar as condições de mudança e de degradação.

Vale ainda lembrar que a mata ciliar tem algumas funções primordiais (Lima e Zakia, 2000): função protetora (diminui a erosão das margens e os impactos, permite maior infiltração e a recarga de aqüíferos), influencia no manejo da água dentro da bacia hidrográfica, evita o assoreamento do

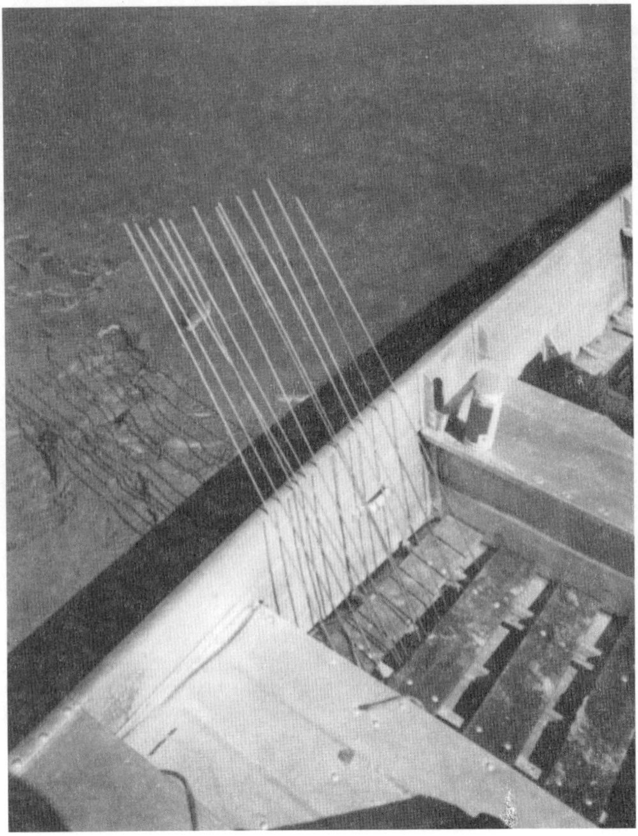

Figura 7.8 — Pinos de 1,5m de comprimento introduzidos nas margens do Rio Araguaia, próximo da Fazenda Dumbazinho, para avaliar a erosão, implantados em maio de 2001. (Projeto do Depto. de Geografia da UFG/IESA) (Foto de S. B. Cunha)

canal e reduz a chegada de produtos químicos, além de manter a fauna (aves e peixes) com o fornecimento de alimentos e sombra. A restauração da mata ciliar deve ser feita com diferentes espécies (floresta mista) atrativas para aves e peixes, de preferência frutíferas e de rápido crescimento (PLANÁGUA/SEMADS/GTZ, 2001).

Nas áreas urbanas, as estruturas de revestimento dos canais são utilizadas como outro indicador da degradação. As estruturas podem estar danificadas pela erosão, as desembocaduras de galerias soltas, estruturas que estavam nas margens e agora estão dentro do canal, solapamento abaixo de

Figura 7.9 — Assoreamento nas margens do rio Paraguai, em função da forte remobilização do material de fundo do canal pela passagem das chatas que transportam a produção de grãos (agosto de 1999). (Foto de S. B. Cunha)

desembocaduras, de galerias, etc. Esses exemplos são patentes em muitas cidades brasileiras, de portes médio e grande (**Figura 7.10**).

Ainda para a gestão das mudanças ocorridas nos rios e canais utilizam-se dados e informações obtidos pelo sensoriamento remoto, informações de pesquisas topográficas de detalhe — com acompanhamento das seções transversais (Fernandez *et al.*, 2001) — e informações das relações entre a geometria do canal e a descarga.

3. *Recuperação do Ambiente Degradado*

A recuperação de canais tem chamado a atenção de profissionais ligados à administração de rios/canais e bacias hidrográficas. Recuperação de canal significa, de forma simples, o retorno às condições anteriores aos distúrbios. Em essência, é o processo de recuperação do rio ou do ecossistema fluvial, estabilizando o desenvolvimento de hábitats e colonização a

Figura 7.10 — Rio Maracanã, Rio de Janeiro. Solapamento e erosão na base do canal concretado (15/05/1999). Cruzamento da Rua Rademacker com a Avenida Maracanã. (Foto S. B. Cunha)

uma taxa mais rápida que a dos processos naturais físicos e biológicos. Na recuperação de canais ocorrem considerações de aspectos hidrológico, morfológico e ecológico, qualidade da água, estética, além da necessidade de uma visão integradora do projeto sustentável de recuperação.

Antes da execução do projeto de recuperação de canais (no contexto ambiental, da técnica empregada e do uso do solo) é necessário que seja verificado o principal objetivo do projeto e consideradas algumas questões como: (1) a intervenção é necessária ou a recuperação natural é suficiente? (escala de tempo); (2) o rio em questão vai ser tratado para uma melhoria ecológica ou estética? (3) qual a escala de recuperação? (total, parcial, alguma recuperação ou recuperação mínima). No processo de recuperação total há o envolvimento de toda a bacia de drenagem, e o sucesso desse empreendimento é determinado pelo grau de modificação não só no canal, mas em toda a bacia. Na perspectiva geomorfológica/hidrológica, a premissa fundamental é a de que, se a hidrologia e a morfologia do canal forem recriadas, com cuidadosa consideração dada aos aspectos hidráulicos, há a possibilidade de se seguir uma recuperação ecológica natural.

Fatores abióticos, como a forma do canal e a qualidade da água, são considerados alvos da recuperação mais importantes do que os fatores bióticos.

A recuperação da morfologia do canal envolve considerações quanto à simetria do canal, a rugosidade do leito e o retorno à sinuosidade original (**Figuras** 7.11, 7.12 e 7.13). Canais artificiais apresentam formato bastante regular (morfologia simétrica), com alteração nas taxas de erosão e na relação largura/profundidade. Nos rios naturais essas seções transversais são irregulares, apresentando soleiras (*riffles*) e depressões (*pools*), em função da sinuosidade do canal. A seção transversal é importante elemento do canal que fornece sua capacidade. Na recuperação dos canais, as modificações na razão L/P (largura/profundidade) podem controlar o transporte de sedimentos. E, ainda, a recuperação deve considerar a rugosidade do canal, avaliada pelo perfil longitudinal do canal, que reflete a morfologia do fundo (presença de soleiras e depressões) nas três zonas indicadas por Schumm (1991): zona de erosão, que corresponde à zona de nascente dos canais da bacia; zona de transferência de sedimentos, que corresponde à

Figura 7.11 — Canal do Rio Aar, Münster, Alemanha. Trecho mantido canalizado com talvegue artificial (dezembro de 1998). A seta indica a direção da corrente. (Foto de S. B. Cunha)

Figura 7.12 — Canal do Rio Aar, Münster, Alemanha. Obra de recuperação do canal. Estacas direcionam a sinuosidade do canal antes retificado. O concreto das margens e do fundo foi destruído (dezembro de 1998). (Foto de S. B. Cunha)

Figura 7.13 — Canal do Rio Aar, Münster, Alemanha. Trecho de 2km com a sinuosidade recuperada (dezembro de 1998). (Foto S. B. Cunha)

zona do médio curso dos rios; e zona de armazenamento de sedimentos, que se relaciona à zona da desembocadura e baixo curso. Outra forma de recuperar a morfologia do canal refere-se ao retorno da sinuosidade original pela recuperação dos meandros.

Os canais podem recuperar-se naturalmente (renaturalização), mas esse processo precisa de larga escala de tempo que corresponda ao tempo geológico (Rhoads e Herricks, 1996). Inúmeros são os exemplos brasileiros, mas podem ser citados os rios São João e da Bananeira, ambos pertencentes à bacia do Rio São João, situada no Estado do Rio de Janeiro (**Figuras** 7.1 e 7.2). Uma outra forma constitui o emprego de uma recuperação com intervenção, visando promover a estabilidade do canal e o desenvolvimento de hábitats, a uma taxa mais rápida do que os processos naturais (físicos e biológicos). Trata-se de uma gestão para mudar o canal, visando não só ao retorno às condições anteriores à degradação, como à criação de um ambiente fluvial sustentável.

Uma administração sustentável deve conciliar as mudanças antropogênicas introduzidas na bacia para o desenvolvimento e a proteção ambiental. Nesse sentido, o conhecimento e o controle do sistema sedimentológico dos rios e canais são importantes para garantir a sustentabilidade. O sistema sedimentológico fluvial envolve fornecimento, transporte e armazenamento dos sedimentos, e sua distribuição no leito do rio influencia a distribuição da comunidade lótica. O Brasil tem ainda pouca tradição em pesquisas sedimentológicas, refletidas no baixo número de estações de monitoramento e intervalos de coletas de dados.

Na prática, a recuperação é aplicável nas escalas espacial e de intensidade. A escala espacial define a abrangência do espaço a ser trabalhado: trecho do canal (escala local); todo o canal (escala de bacia hidrográfica) e entre bacias (escala regional). A escala de intensidade define o grau de recuperação: total, parcial, alguma recuperação estética ou recuperação mínima. O grau de intensidade vai depender dos objetivos da recuperação.

Com a recriação da morfologia do canal e da hidrologia, há uma alta possibilidade de se seguir uma recuperação ecológica natural. Dessa forma, fatores abióticos (forma do canal/hidrologia) e qualidade da água são considerados a chave para a recuperação dos fatores bióticos.

A experiência de recuperação de grandes rios é ainda um grande desafio por ser extremamente complexa, dispendiosa, e a expectativa e a experiência com sucesso são ainda pequenas. Soma-se, também, que o corpo de conhecimento sobre as técnicas de restauração não é muito. Grandes ambientes impõem dificuldades específicas para controlar as respostas dos canais e a contribuição dos tributários. Por outro lado, há, em muitos casos, ausência de dados, exigindo a difícil tarefa de coletar e monitorar.

Em função dessas observações, um alerta deve ser feito quanto ao uso das nossas redes de drenagem (rios Araguaia, Paraguai e Madeira, entre outros) como vias de transporte da produção agrícola. A experiência de descanalização e restauração hidrogeomorfológica do rio Kissimmee (bacia hidrográfica de 1.730km^2), Flórida, Estados Unidos, realizada na década de 90, necessitou de um elevado investimento e da participação de técnicos altamente especializados e representou um esforço de restauração ainda com respostas incertas (Toth *et al.*, 1993).

A experiência em pequenos rios tem sido feita em diferentes países, como na Alemanha, por meio do GTZ, e na Inglaterra, por meio do *River Restoration Centre* (1999), com monitoramento no Rio Cole (área urbana), em um trecho de 2km, e no Rio Skerne (área rural), em um trecho de 500m.

Por fim, a recuperação dos canais apresenta algumas limitações causadas pelas dificuldades de entendimento entre a comunidade científica, proprietários e empresários ou entre instituições responsáveis pela recuperação. Outra questão vincula-se à inabilidade de predizer taxas e a direção das significativas mudanças (poucos estudos) e a complexidade de se entender a influência dos processos da bacia de drenagem sobre o canal. É de ressaltar que, apesar dos obstáculos apresentados, os rios brasileiros que, ao longo dos anos, passaram por sucessivas obras de engenharia são rios potenciais para a experiência de recuperação.

4. Conclusões

A visão de recuperação de canais tem levado a novos comportamentos na execução das obras hidráulicas nos canais. Dentre eles, podem ser citados: (1) limite da velocidade de escoamento para controlar a erosão e o assoreamento; (2) não-revestimento do fundo do canal para facilitar as relações com o lençol d'água. Ao longo da história ficou claro que não há necessidade de concretar o fundo dos canais; (3) evitar cobrir a superfície do rio; (4) proporcionar a retenção das águas, evitando as cheias; (5) evitar barrar o rio para permitir a migração dos peixes; (6) evitar suprir curvas e meandros; (7) evitar construções de pilares de pontes no leito ou prever para que eles tenham um formato hidrodinâmico.

E, ainda, as obras de recuperação dos canais exigem algumas reflexões e considerações globais, analisadas neste capítulo:

a) As condições naturais dos rios têm se modificado pela participação antrópica diretamente nos canais, por meio de obras de engenharia, como construções de barragens, pontes e diques, retificação dos leitos, alargamento e aprofundamento da calha. Obras de acentuado entalhe e aprofundamento dos leitos, no sentido de reduzir a ocorrência de enchentes, são exemplos que alteram o nível de base local, geram retomada erosiva nas encostas e a conseqüente formação de ravinas e voçorocas. Da mesma forma, mudanças no uso do solo influenciam os processos erosivos que poderão promover a alteração na dinâmica fluvial. Por exemplo, o desmatamento e o crescimento de áreas urbanas reduzem a capacidade de infiltração, aumentam o escoamento superficial, promovendo a erosão hídrica nas encostas e maior volume de sedimentos para a calha fluvial, o que pode resultar no assoreamento do leito e enchentes na planície de inundação. Conclui-se que há constantes relações de causa e efeito entre a calha dos rios e as atividades humanas realizadas na bacia hidrográfica;

b) o processo de restauração impõe algumas limitações que devem ser vencidas. Uma legislação específica sobre recuperação precisa ser criada no Brasil, para delimitar, de certa forma, as obras de recuperação que serão executadas. Países como os Estados Unidos e os da Comunidade Européia (Inglaterra, Dinamarca e Alemanha) já possuem uma legislação específica. Na Dinamarca, a lei de restauração de canais foi criada em 1982;

c) necessidade de sintetizar os conhecimentos na área da Geomorfologia Fluvial Antrópica conjugados aos conhecimentos de Hidrologia. No momento, estão sendo monitorados, por nosso grupo de pesquisa, o canal do rio Paraguai (MT), o canal de Santa Amélia, no município de Belford Roxo, Rio de Janeiro, e a drenagem do rio dos Macacos, na cidade do Rio de Janeiro;

d) aplicação dos processos fluviais naturais aos modelos de leitos canalizados para produzir o aumento da produtividade biológica. Dessa forma, desenvolver modelos flexíveis de canalização que permitam a máxima utilização dos recursos hídricos, reduzindo a degradação ambiental. Para atingir o referido objetivo são necessários o planejamento de construção de soleiras e depressões e a ampliação da diversidade das condições de fluxo que simule essas formas;

e) monitorar o processo de recuperação antes e depois da obra de recuperação;

f) necessidade de intensificar o monitoramento dos dados de sedimentos com relação à continuidade de freqüência dos dados.

5. *Referências Bibliográficas*

CUNHA, S. B. (1995). Impactos das Obras e Engenharia sobre o Ambiente Biofísico da Bacia do Rio São João (Rio de Janeiro-Brasil). Editora Instituto de Geociências, UFRJ, 378 pp.

______ (2001). Geomorfologia Fluvial. *In*: GUERRA, A. J. T. & CUNHA, S. B. (orgs.): Geomorfologia: uma Atualização de Bases e Conceitos. Editora Bertrand Brasil. 4ª edição, 472 pp.

CUNHA, S. B. & GUERRA, A. J. T. (2000). Degradação Ambiental. *In*: GUERRA, A. J. T. & CUNHA, S. B. Geomorfologia e Meio Ambiente. Editora Bertrand Brasil, 3ª edição, pp. 337-379.

EGLER, C. A. G. (1999). Eixos Nacionais de Integração e Desenvolvimento — Impactos Ambientais. Manuscrito. Palestra proferida no Conselho Regional de Engenharia e Arquitetura (CREA), em 23 de setembro.

FERNANDEZ, O. V. Q. (1990). Mudanças no Canal Fluvial do Rio Paraná e Processos de Erosão nas Margens: Região de Porto Rico, PR. Dissertação de Mestrado, UNESP — Instituto de Geociências e Ciências Naturais. Rio Claro, 85 pp.

FERNANDEZ, O. V. Q., REBELATTO, G. E. & SANDER, C. (2001). Análise Quantitativa de Seções Transversais em Canais Fluviais. Revista Brasileira de Geomorfologia, ano 2, nº 1, pp. 85-92.

LIMA, W. P. & ZAKIA, M. J. B.(2000). Hidrologia de Matas Ciliares. *In*: RODRIGUES, R .R. R. & LEITÃO FILHO, H. F. (orgs.): Matas Ciliares: Conservação e Recuperação, pp. 33-44.

MOTA, I. S. A (2001). Avaliação da Erosão Marginal e Transporte de Sedimentos na Sub-Bacia do Riacho Fundo — Distrito Federal. Dissertação de Mestrado. Programa de Pós-Graduação em Geografia da UFRJ, 162 pp.

PARK, C .C. (1995). Channel Cross-Sectional Change. *In*: GURNELL, A. & PETTS, G. (orgs.): Changing River Channels. John Willey and Sons, pp. 117-145.

PLANÁGUA/SEMADS/GTZ (2001). Restauração da Mata Ciliar. Secretaria de Estado do Meio Ambiente e Desenvolvimento Sustentável do Estado do Rio de Janeiro. Publicação nº 13, 104 pp.

RHOADS, B. L. & HERRICKS, E. E. (1996). Naturalization of headwater streams in Illinois: Challenges and Possibilities. *In*: BROOKES A. & SHIELDS Jr. F. D. (orgs.): River Channel Restoration: Guiding Principles for Sustainable Projects. John Willey and Sons, pp. 332-367.

RIVER RESTORATION CENTRE (1999). River Restoration: Manual of Techniques, 112 pp.

SCHUMM, S. A (1991). Scientific approach to earthscience: 10 ways to be wrong. Cambridge Press, U.K.

TOTH, A L. (1996). Restoring the Hydrogeomorphology of the Channelized Kissimee River. *In*: BROOKES. A. & SHIELDS Jr. F. D. (orgs.): River Channel Restoration: Guilding Principles for Sustainable Projects. John Willey and Sons, pp. 360-383.

Índice Remissivo

Composto e impresso nas oficinas gráficas da
IMAGO EDITORA